Reiner Braun
… da bin ich mitten unter ihnen

D1705813

PFARRERINNEN-
UND PFARRER-
GEBETSBUND

PGB

… da bin ich mitten unter ihnen

Aus 90 Jahren Pfarrerinnen- und Pfarrer-Gebetsbund

Reiner Braun (Hrsg.)

in Verbindung mit Ulrich Both, Helmut Heiser,
Werner Kenkel und Friedrich Möller

© R. Brockhaus Verlag Wuppertal 2003
Umschlag: Dietmar Reichert, Dormagen
Satz: QuadroMedienService, Bergisch Gladbach-Bensberg
Druck: Breklumer Druckerei Manfred Siegel KG
ISBN 3-417-24728-4
Bestell-Nr. 224 728

Geistlich-Theologische Profilierung

Anhang

Zu diesem Buch

»Oh, die gibt es noch, die Pfarrer-Gebetsbruderschaft? Da war ich doch mal als Studentin bei einem Ferienseminar!« – »Gehören da auch Pfarrerinnen dazu?« – »Ach, die Theologischen Beiträge werden vom Pfarrerinnen- und Pfarrer-Gebetsbund herausgegeben? Ich beziehe sie schon lange, aber das wusste ich noch nicht!«

Solche und ähnliche Anfragen sind nicht selten zu hören. Kein Wunder, denn persönliche Einladungen sind es meist gewesen, die Pfarrerinnen und Pfarrer auf den PGB, seine Kleinkreise, Tagungen und sonstige Angebote aufmerksam gemacht haben. Das 90. Jubiläum nehmen wir einmal zum Anlass, den PGB einer breiteren Öffentlichkeit vorzustellen. Historische Darstellungen und biographische Skizzen sind eingebettet zwischen biblischen Perspektiven und geistlich-theologischen Profilierungen.

PGB steht seit 2001 für »Pfarrerinnen- und Pfarrer-Gebetsbund«. Da unsere Gemeinschaft etwas mehr als die Hälfte ihres Bestehens »Pfarrer-Gebetsbruderschaft« mit dem späteren Zusatz »Gemeinschaft von Pfarrerinnen und Pfarrern« hieß, herrscht in diesem Buch – hoffentlich nur in dieser Hinsicht – ein ziemliches Durcheinander. Aber wirklich tragisch scheint es nicht. Denn es macht deutlich, dass uns zweierlei wichtig ist.

– Zuerst und vor allem: Pfarrer und Pfarrerinnen haben gleichermaßen Raum, Gewicht und Stimme in unseren Kreisen und Gremien, wie übrigens auch deren Partner und Partnerinnen zum PGB gehören können, wenn sie wollen, und zu den allermeisten Tagungen ausdrücklich eingeladen sind, auch mit Kindern.

– Zum anderen haben wir uns etwas schwer getan, den geistlich geprägten Begriff "Bruderschaft" aufzugeben, der leider das Missverständnis enthält, wir wären auf Männer fixiert. Gleichzeitig erschien uns bei dem im Pfarrberuf möglichen Maß an Verbindlichkeit der Begriff "Kommunität" nicht recht angemessen. Aber an dem möglichen Maß an Verbindlichkeit wollen wir durchaus festhalten im PGB.

Nun hoffen wir, dass dieses Buch deutlich macht, warum – wie Heinzpeter Hempelmann in seinem Beitrag schreibt – man den PGB erfinden müsste, wenn es ihn nicht schon gäbe!

Reiner Braun

Biblische Perspektiven

... da bin ich mitten unter ihnen

Biblische Besinnung zu Matthäus 18,20

Werner Kenkel

Es war vor ein paar Jahren: Der Hauskreis sollte sich bei uns im Pfarrhaus treffen. Doch einer nach dem andern sagte ab. Letztendlich kam nur eine Frau. Sollten wir den Abend ausfallen lassen? Meine Frau und ich entschieden uns anders, und es wurde ein äußerst intensives Gespräch.

So manches Mal haben wir es auch danach ähnlich erfahren. Wenn wir meinten, es lohne sich nicht zusammenzukommen, da wir ja nur so wenige waren, hat Gott gerade diese Treffen in besonderer Weise gesegnet.

Es stimmt, was Jesus sagt: »Wo zwei oder drei in meinem Namen versammelt sind, da bin ich mitten unter ihnen.«

Dieses Wort Jesu ist nun seit einiger Zeit das biblische Motto des PGB. Es gibt Gegenden, da sind es wirklich nur noch zwei oder drei, die zusammenkommen.

Hier und da macht sich eine resignative Stimmung breit: »Hat Gott mit dem PGB noch etwas vor? Warum stoßen so wenige Neue zu uns? Lohnt es sich, in solch einem kleinen Kreis zusammenzukommen?« In dem Jesuswort ist nichts von Resignation zu spüren. Sein Wort strahlt vielmehr Zuversicht, Aufbruchstimmung, ja geradezu eine heitere Gelassenheit aus. Er ist ja da. Und wo er ist, da geht es weiter, da gibt es eine Zukunft. Ich wünschte, dass auch wir ganz neu von dieser Zuversicht erfüllt würden.

Haupttagung in Elbingerode 2001 – Plenum

Die Kraft der kleinen Zahl

Die Bibel ist voller ermutigender Beispiele dafür, wie Gott mit einer kleinen – dazu noch sehr fehlerhaften – Schar von Menschen beginnt, um mit ihnen etwas Großes zu bewirken. Ich denke etwa an Paulus und Silas im Gefängnis (Apg. 16,23ff). Sie sind in einer äußerst bedrängten Situation; Hände und Füße sind ihnen gebunden. Eigentlich hätten sie allen Grund zu verzagen: Was können sie jetzt noch ausrichten? Aber Paulus und Silas verzagen nicht. Sie wissen: Einer ist auf jeden Fall bei ihnen – Jesus Christus. Um Mitternacht beginnen sie, Gott zu loben. Sie schauen nicht auf ihre Erbärmlichkeit, sondern vertrauen auf Gottes Möglichkeiten. Und was passiert? Die Gefängnismauern beginnen zu wanken und stürzen schließlich ein. Herzen, die für Gott wie zugemauert waren, beginnen sich für Gott zu öffnen. Ja, am Ende wird der Oberaufseher des Gefängnisses gemeinsam mit seiner Familie in die kleine Schar derer, die sich im Namen Jesu versammeln, aufgenommen. Und das nur, weil zwei Menschen damit begonnen haben, mit der Gegenwart Jesu mitten in dieser Welt zu rechnen.

Wüssten Paulus und Silas die Mehrheit auf ihrer Seite, wie leicht könnten sie ihr Vertrauen auf die eigene Macht oder die Möglichkeiten von Menschen setzen. So aber, in der absoluten Minderheit, in schier ausweglos Lage, bleibt ihnen nichts anderes übrig, als allein ihrem Gott zu vertrauen. Und gerade da, wo Menschen anfangen, keinem anderen als allein Gott zu vertrauen, geraten Mauern ins Wanken und können Aufbrüche geschehen.

Paulus und Silas schöpfen ihre Kraft aus dem Gebet, aus der innigen Beziehung zu ihrem Gott. Die Verheißung in Mt 18,20 weist in die gleiche Richtung. Mitte des ganzen Abschnitts (V. 15-20) ist das Gebet.

Deshalb ein Zweites:

Die Kraft des einmütigen Gebets

»Wenn zwei unter euch eins werden auf Erden, worum sie bitten wollen, so soll es ihnen widerfahren von meinem Vater im Himmel.« (Matth. 18,19)

Bemerkenswert ist, dass es hier nicht das Gebet eines Einzelnen ist, dem die Verheißung der Erhörung gegeben wird, sondern das einmütige Gebet von zweien.

»Jesus ist also einer, der Menschen zusammenbringt« – »… ohne dass Menschen zusammenkommen – und zwar räumlich – leiblich – sichtbar – gibt es keine Kirche.«[1] Ich ergänze: auch keinen PGB. Auch als PGB leben wir davon, dass wir zusammenkommen, räumlich – leiblich – sichtbar. Es ist ein Unding, dass es zahlreiche Geschwister gibt, die sich von dieser sichtbaren Gemeinschaft zurückziehen, und es ist ein Unding, wenn Pfarrerinnen und Pfarrer meinen, alle anderen Termine seien wichtiger als die Treffen mit den Schwestern und Brüdern, bei denen gemeinsam gebetet und gemeinsam in der Bibel gelesen wird. Die Verheißung Jesu gilt gerade diesen Zusammenkünften. Denn wenn wir nicht immer wieder als Einzelne und gemeinsam vor den Thron Gottes treten, dann geht unser Dienst ins Leere.

Jemand, der bei einem christlichen Werk angestellt ist, sagte mir einmal: »Ich habe mir angewöhnt, meine Gebetszeiten in meinen Terminkalender einzutragen. Erhalte ich einen Termin, der sich mit meinen schon vorher fest eingetragenen Terminen überschneidet, sage ich: Da kann ich nicht. Da habe ich eine Besprechung mit meinem Chef.«

Wir müssen uns angewöhnen, diese wichtigen Termine in unserem Terminkalender zu notieren, weil sie sonst leicht unter all den vielen anderen Terminen unterzugehen drohen.

Das Herz des PGB schlägt in den Kleinkreisen, schlägt im Gebet als Zentrum und Kraftquelle unserer Zusammenkünfte. Es unterscheidet uns z. B. von manchen Gruppierungen in unserer Kirche, dass wir die Kirchenleitungen nicht nur kritisieren, sondern sie auch im Gebet begleiten.

Auf dem Gebet, und zwar auf dem einmütigen Gebet, liegt die große Verheißung. Worin besteht die Einmütigkeit? Nicht darin, dass wir stets einer Meinung sind, sondern in der gemeinsamen Ausrichtung auf den einen Herrn und auf den einen Bruder, die eine Schwester, den bzw. die wir im Gebet vor diesen Herrn bringen, damit er/sie zurück in die Gemeinschaft unter Christus findet und – wo nötig – Schuld erkennt, bekennt und Vergebung erfährt.

Auf dem Gebet, und zwar auf dem einmütigen Gebet, liegt eine große Verheißung.

V. 19 klingt für sich genommen geradezu ungeheuerlich: »… über jede beliebige Sache, um die sie bitten, wird es ihnen (so) geschehen von meinem Vater in den Himmeln« (Übersetzung von U. Luz). Meines Erachtens geht es hier um Dinge, die die Gemeinschaft betreffen, die die Gemeinschaft mit Christus und untereinander gefährden und belasten. In dieser Hinsicht gilt Jesu Verheißung, dass Einheit im Gebet Wunder wirkt, Neues schafft und Erhörung bei Gott findet. Schon allein in der Tatsache, dass zwei im Gebet eins werden, geschieht Erneuerung, und zwar Erneuerung der Gemeinschaft. Die Einheit an sich ist bereits Erhörung – nämlich die Erhörung der Bitte Jesu: »Heiliger Vater, erhalte sie in deinem Namen, den du mir gegeben hast, dass sie eins seien wie wir. (…) Ich bitte aber nicht allein für sie, sondern auch für die, die durch ihr Wort an mich glauben werden, damit sie alle eins seien. Wie du, Vater, in mir bist und ich in dir, so sollen auch sie in uns sein, damit die Welt glaube, dass du mich gesandt hast.« (Joh. 17,11.20f)

Wer im Gebet zur Einheit findet, kann anschließend nicht dem anderen feindselig begegnen – oder die Einheit im Gebet war nur vorgetäuscht, also keine echte Einheit.

Einheit im Gebet ist immer ein Geschenk Gottes und sie verleiht eine Kraft, die nach vorne weist.

Einheit im Gebet ist immer ein Geschenk Gottes und sie verleiht eine Kraft, die nach vorne weist.

Die Verheißung seiner Gegenwart

»Wo zwei oder drei versammelt sind in meinem Namen, da bin ich mitten unter ihnen.« Ulrich Luz: » … die geringe Zahl der Gläubigen unterstreicht rhetorisch wirkungsvoll die Größe der zugesagten Verheißung, dass der auferstandene Herr in ihrer Mitte sein wird.«[2] Nicht ohne Grund beginnen unsere Gottesdienste »im Namen des Vaters und des Sohnes und des heiligen Geistes«. Gleich zu Beginn soll deutlich werden, dass nicht irgendwelche gemeinsamen Interessen der Grund unseres Zusammenkommens sind. Vielmehr ist es Jesus Christus, der uns zusammenruft. In seinem Namen versammeln wir uns zu einer Gemeinde. Ihm sagen wir alles, was uns bewegt; von ihm erhoffen wir eine Neuausrichtung unseres Lebens, und von ihm erwarten wir Trost und Ermutigung, aber auch Korrektur und Wegweisung.

Er ist nicht nur am Rande dabei als irgendeiner unter vielen – nein, wo zwei oder drei in seinem Namen versammelt sind, da ist er mitten unter ihnen. Seine Art ist es, mitten in unser Leben hineinzukommen. Deshalb hat er ein Ohr für unsere alltäglichen Nöte. Keine Not ist so klein, dass sie nicht bei ihm ein offenes Ohr fände.

Seine Art ist es, mitten in unser Leben hineinzukommen.

Haupttagung in Elbingerode 2001 – Bibelarbeitsgruppe

Das einmütige Gebet im Namen Jesu hat die Verheißung, gehört und erhört zu werden. Eine Zusammenkunft im Namen Jesu hat die Verheißung, dass er dabei ist. Wer sein Leben im Namen Jesu führt, lebt verheißungsorientiert. Es gibt keine Gruppierung, die diese Verheißung für sich allein pachten könnte! Allen gilt sie, allen, die sich im Namen Jesu versammeln. Das heißt aber: Sie gilt auch uns als PGB. Nicht uns allein, aber eben auch uns. Wenn wir dieses Jesuswort als unser Motto gewählt haben, dann nicht, weil wir der Meinung wären, es wäre nur an uns adressiert. Wir wissen uns vielmehr hineingestellt in die weltweite Gemeinschaft der Christen.

Von dieser Verheißung her ergibt sich noch ein anderer Zusammenhang für die Zusage der Gegenwart Jesu. Er ist vor allem bei uns, wo wir dem einen Bruder, der einen Schwester nachgehen. – Deshalb:

Die Sorge um den einen Bruder, die eine Schwester

Nicht die großen Zahlen sind wichtig. Auch in unserer Bruderschaft kommt es nicht so sehr darauf an, dass wir viele sind.

Vielmehr muss es darum gehen, dass wir dem Einzelnen nachgehen, dass uns der eine Bruder, die eine Schwester wichtig ist. Jesus geht dem einen nach; ihm ist der eine, der verloren zu gehen droht, der sich von der Gemeinschaft trennt, wichtiger als die anderen, die dazugehören. Und er erwartet von uns, dass wir es ihm gleich tun.

Wo der andere an mir schuldig geworden ist, darf ich nicht so tun, als wäre nichts geschehen. Unausgesprochene und unvergebene Schuld wirkt im Verborgenen weiter und zerstört jegliche Gemeinschaft. Gottes Wort sagt uns eindeutig: »Du sollst deinen Bruder nicht hassen in deinem Herzen, sondern du sollst deinen Nächsten zurechtweisen, damit du nicht seinetwegen Schuld auf dich ladest« (Lev. 19,17). Wenn ich zu dem Bruder gehe, tue ich es als einer, der selbst auf Vergebung angewiesen ist. Und ich sollte mir bewusst sein: »Es geht nicht um Sühne, sondern um liebevolle Ermahnung, nicht um den eigenen Sieg, sondern um das Heil des Bruders.«[3]

Es ist viel leichter, vor anderen über die Untaten des Bruders zu berichten – wie es nur allzu oft auch in unseren Gemeinden geschieht –, als zu ihm hinzugehen und ihn direkt auf seine Verfehlungen anzusprechen. Den Mut, mich auf den Weg zum anderen zu machen, finde ich nur, wenn ich weiß: Einer geht mit. Vielleicht sind wir nirgends mehr auf Jesu Hilfe angewiesen als da, wo wir das Gespräch mit dem Bruder suchen.

»Wo zwei oder drei in meinem Namen versammelt sind, da bin ich mitten unter ihnen.« Während der vergangenen 90 Jahre haben wir im PGB die Wahrheit dieses Satzes erfahren. Mit Jesus in unserer Mitte brauchen wir uns auch vor der Zukunft nicht zu fürchten.

Es ist viel leichter, vor anderen über die Untaten des Bruders zu berichten - wie es nur allzu oft auch in unseren Gemeinden geschieht -, als zu ihm hinzugehen und ihn direkt auf seine Verfehlungen anzusprechen.

PFARRERINNEN- UND PFARRER- GEBETSBUND

PGB

Geschichtliche Aspekte

90 Jahre PGB – Eine Chronik

Diese Chronik versucht, an den Höhepunkten der PGB-Geschichte entlangzugehen und die personellen Veränderungen unter den Verantwortlichen aufzuzeigen. Besonders aus den ersten Jahrzehnten ist einiges Quellenmaterial zusammengetragen worden.

»Da kamen wir darauf zu sprechen, daß doch allerlei Berufsstände sich zusammengeschlossen hätten zur Pflege und Förderung des inneren Lebens der Berufsgenossen. Es gebe eine Vereinigung gläubiger Kaufleute, gläubiger Offiziere, gläubiger Landwirte usw., nur eine Vereinigung gläubiger Pfarrer gebe es nicht. Und die hätten es doch besonders nötig.«

1912 Der Gedanke, eine Vereinigung von Pfarrern ins Leben zu rufen, die der Gemeinschaftsbewegung nahe stehen, geht auf Ernst Modersohn zurück. Er schreibt in seinen Lebenserinnerungen: »Wir waren noch nicht lange in Blankenburg, als ich eines Tages mit meiner Frau einen Spaziergang durch das Promenadenwäldchen an der Schwarza machte. Da kamen wir darauf zu sprechen, daß doch allerlei Berufsstände sich zusammengeschlossen hätten zur Pflege und Förderung des inneren Lebens der Berufsgenossen. Es gebe eine Vereinigung gläubiger Kaufleute, gläubiger Offiziere, gläubiger Landwirte usw., nur eine Vereinigung gläubiger Pfarrer gebe es nicht. Und die hätten es doch besonders nötig. Ich wußte ja aus eigener Erfahrung, wie viel Nöte und Schwierigkeiten ein gläubiger Pfarrer durchzumachen hat mit seinem Presbyterium oder Gemeindekirchenrat, oft auch mit seinem Superintendenten und dem

Konsistorium.«[4] Den Gedanken trägt Modersohn verschiedenen Kollegen vor und stößt damit überall auf Resonanz – wenn auch nicht immer auf positive. In Württemberg entsteht ein erster Zusammenschluss.[5]

Bei der Allianzkonferenz in Bad Blankenburg in der letzten Augustwoche 1912 lädt Modersohn etwa zwanzig Pfarrbrüder in sein Haus ein, erzählt auch ihnen von seiner Idee und findet ihre Unterstützung.[6] Für den Vorsitz wird Leopold Wittekind vorgeschlagen, als mitverantwortliche Vorstandsmitglieder Walter Michaelis und Ernst Modersohn.

Der Namensvorschlag »Bund bekehrter Pastoren« wird fallen gelassen zugunsten der Alternative »Pastoren-Gebetsbund«.

1913 Am 17. April findet die Gründungsversammlung in Halle an der Saale statt. Der Einladung liegt die folgende Erklärung bei: »Ich bezeuge, daß mich die Gnade Gottes durch die Bekehrung zu einem erretteten Eigentum Jesu gemacht hat, und daß ich in seinem Blut die Vergebung meiner Sünden gefunden habe (1. Petr. 2,24.25; Kol. 1,12-14; 1. Thess. 1,9.10). Daher bekenne ich mich zu der Gemeinschaft, welche die Kinder Gottes miteinander pflegen, und will mit ihnen die Schmach vonseiten der Welt tragen; 1. Joh. 3,14; Hebr. 13,13.«[7] 130 Aufnahmewillige senden die Erklärung unterschrieben zurück, wenn auch nur 28 von ihnen sich zur Gründungsversammlung anmelden.[8]

Der neu gewählte Schriftführer Ludwig Thimme – »der gedankenreiche Theologe und eifrige Sucher von Seelen«[9] – gibt zum ersten Mal die »Vertraulichen Mitteilungen« heraus, um die Fürbitte der Mitglieder für einander und für Anliegen des PGB zu fördern.

1916 Der PGB beschließt neue Grundlinien des Pastoren-Gebetsbundes in Deutschland und Österreich-Ungarn:

»1. Im Pastoren-Gebetsbund haben wir uns zusammengeschlossen zu gegenseitiger Förderung und zur Pflege brüderlicher Gemeinschaft auf Grund gemeinsamer, persönlicher Erfahrung der Rettung durch das Blut Jesu Christi, des Sohnes Gottes.

*Reichstagung 1917 in Schlachtensee bei Berlin mit
Alfred Christlieb, Ernst Modersohn, Theophil Krawielitzki,
Ernst Lohmann und Ludwig Thimme*

2. In dieser Pflege der brüderlichen Gemeinschaft, wie sie jedem
   Gotteskinde Lebensbedürfnis ist, sehen wir gerade für unseren
   Beruf ein unbedingtes Erfordernis, damit unser inneres Leben
   sich in einer für uns und unsere Gemeinden heilsamen Weise
   entwickle, und keinen Schaden leide durch die mancherlei
   Gefahren, die das Pfarramt neben unleugbarem Segen für den
   inwendigen Menschen mit sich bringt.
3. Bei den besonderen Aufgaben und Schwierigkeiten, die wir
   Diener am Wort als Pfarrer der Landeskirche haben, wollen wir
   uns im brüderlichen Austausch über die mannigfachen
   Aufgaben unseres Dienstes und die besten Mittel und Wege zu
   ihrer Lösung klar zu werden suchen, und uns darin gegenseitig
   helfen.
4. Der Name unseres Bundes ist gewählt, weil wir überzeugt sind,
   daß die Kraft desselben auf der Wirksamkeit des Geistes Gottes
   und daher unsererseits auf der Treue des Gebets und der Fürbitte
   füreinander beruht.

Sollten Sie, teurer Bruder … mit obigen Grundlinien einverstan-
den sein, insonderheit vor Gott bezeugen können, daß die Gnade
Gottes Sie durch die Bekehrung zu einem erretteten Eigentum *JEsu*

gemacht und Sie in Seinem Blute die Vergebung Ihrer Sünden gefunden haben (1. Petr. 2,24; Kol. 1,12-14; 1. Thess. 1,9.10), daß sie auf dem Boden der Heiligen Schrift als dem Worte Gottes stehen (Jes 66,2); daß Sie ferner sich zu der Gemeinschaft der Kinder Gottes untereinander bekennen und bereit sind, mit ihnen Schmach vonseiten der Welt zu tragen (1. Joh. 3,14; Hebr. 13,13), so bitten wir Sie, ihre zustimmende Erklärung darüber an den Unterzeichneten einzusenden, was wir dann zugleich als Ihr Gesuch um Aufnahme in unseren Bund ansehen werden.«[10]

Der Pfarrschwestern-Bund wird gegründet, und Clara Heitefuß übernimmt die Leitung. Die Zusammenkünfte finden zunächst parallel zu PGB-Tagungen statt, aber im Lauf der Zeit veranstaltet der Bund eigene Tagungen.

In einem Informationsblatt heißt es über die Zielsetzung der Gründung: »Es geschah dies in der Erkenntnis, daß die gegenwärtige schwere Zeit und die aller Voraussicht nach kampfes- und versuchungsreiche Zukunft es nötig machen, alle Kraftquellen, die in gegenseitiger Fürbitte und schwesterlicher Gemeinschaft liegen, füreinander zu erschließen. Hat nicht unser Stand seine besonderen Nöte und Gefahren, in denen wir nicht von andren verstanden werden können? Hat der Herr uns nicht als Gehülfinnen unserer Männer ganz besondere Aufgaben im Dienst in Haus und Gemeinde in die Hand gelegt? Hat aber nicht auch unser Stand seine ganz besonderen Vorzüge und Herrlichkeiten, die uns unserm Meister in besonderer Weise verpflichten? Ob der Segensstrom, der aus dem deutschen Pfarrhause quillt, nicht noch tiefgründiger und weittragender werden könnte dadurch, daß die gläubige Pfarrfrau dem lebendigen Heiland mehr Raum gibt in ihrem Leben?«

1918 Alfred Christlieb übernimmt den Vorsitz des PGB.

1920 Der PGB beschließt bei seiner Jahresversammlung im April in Berlin-Schlachtensee die Gründung eines Predigerseminars in Verbindung mit dem Kandidatenkonvikt in Bethel. Die Kandidaten sollen eine diakonische und eine pastorale Ausbildungsphase durchlaufen. Aus finanziellen Gründen kommt es nicht zur Umsetzung des Beschlusses.[11]

Von dieser Jahresversammlung wird später Theodor Brandt berichten: »Wir kamen aus dem ersten Weltkrieg ins erste Amt, aus vielen Einsamkeiten einer christusfremden Welt zu den überlasteten und müde gewordenen Amtsbrüdern. Vor uns stand die Aufgabe an einer Kirche, in der es ein enttäuschtes und zerrissenes Volk neu zum Evangelium zu rufen galt. Bei dieser Arbeit trat uns unsere Studentenzeit vor Augen, die kostbaren Jahre, die uns mit dem Studium zusammen die Bruderschaft in der Deutschen Christlichen Studenten-Vereinigung (DCSV) schenkten. Nach diesem Vorbild die Gemeinde zu Christus zu führen, im evangelistischen Angriff, in Hausbibelkreisen, in Ausspracheabenden – das schien uns der Weg zu sein, und dahinein legten wir freudig die Kraft der ersten Liebe. Überrascht und bald sorgenvoll beobachteten unsere Brüder im Amt unser Vorgehen. Wurde nicht durch die Bildung erweckter Kreise eine Teilung, die zum Pharisäismus führen mußte? War die Mitarbeit von Laien nicht geradezu gefährlich? Aber der Stoß erfolgte noch von einer anderen Seite, von der wir ihn nicht erwartet hatten. Es war der festgefügten, landeskirchlichen Gemeinschaft schwer, daß neben ihr ein wachsender Kreis von lebendigen Zeugen entstand. (...) Die Frage: ›Kirche und Gemeinschaft‹ wurde dadurch zur brennenden Not. Es waren die Jahre, in denen viele gläubige Christen meinten, mit der Volkskirche gehe es bald zu Ende. Sie schlossen aus dieser Ansicht, daß es unnötig, ja hinderlich sei, nun noch zu einer besonderen Kernbildung zu kommen, die die Erweckten sammelte. Wir horchten darum auf, als unser Bruder D. Michaelis 1920 in Schlachtensee gerade zu diesem Thema sprach und ganz schlicht formulierte: Die Kirche braucht die Gemeinschaft, und die Gemeinschaft braucht die Kirche. Die eine, um der Verflachung, die andere, um der Verengung zu entgehen. Uns aber in der PGB ist die Aufgabe gestellt, an der inneren Verbindung zwischen Kirchen und freier Gemeinschaft zu arbeiten und brüderlich um die zu ringen, die von der Kirche nichts mehr erwarten und sich nur auf ihre Kreise zurückziehen.«[12]

Im Juli und August veranstaltet der PGB einen Evangelisations-Kursus.[13]

1921 Vom 12. Juli bis 1. August findet die erste Pfarrerfreizeit des PGB statt.[14]

1923 Aus einer Pfarrfreizeit in Treffen erwächst der PGB in Österreich.

1924 Karl Immer wird Schriftführer des PGB.

1925 Erich Schnepel reist zum ersten Mal mit Ernst Lohmann zusammen nach Siebenbürgen. 1931 kann er von Auslandsreisen zu Pfarrern berichten, die er und andere unternommen haben. Sie führten nach Lettland, Estland, Österreich, Jugoslawien, Rumänien und Polen. Weitere Kontakte bestehen nach Ostpreußen, Polen, in die Tschechoslowakei und nach Elsass-Lothringen.[15]

> Uns aber in der PGB ist die Aufgabe gestellt, an der inneren Verbindung zwischen Kirchen und freier Gemeinschaft zu arbeiten und brüderlich um die zu ringen, die von der Kirche nichts mehr erwarten und sich nur auf ihre Kreise zurückziehen.

1931 Hans von Sauberzweig wird Schriftführer des PGB. Walter Michaelis wird ihn später bezeichnen als »väterliche[n] Freund jüngerer Brüder, der in den Jahren des Kirchenkampfes der eigentliche Leiter seiner Synode war, ohne – wie später amtlich – Superintendent zu sein«.[16]

1933 In den Niederlanden konstituiert sich am 4. Januar der »Predikanten-Gebedsbond«; die erste Tagung mit J. C. Aalders aus Enschede und Dr. Ubbink aus Zevenhoven findet am 30. April in Zeist statt. Den Impuls hatte ein Besuch von Dr. Couvée aus Zeist bei der Reichstagung 1931 gegeben. Die »Beginselen« sind teils wörtlich eine Übersetzung der Grundlinien von 1916.[17]

Der Schriftführer Hans von Sauberzweig veröffentlicht in der Brüderlichen Handreichung Nr. 61 ein »persönliches Wort zur kirchlichen Lage«, das er aus Zeitgründen nicht mit dem Vorstand des PGB abgestimmt hat, das aber dennoch dessen Zustimmung findet.[18] Die Deutschen Christen lehnt Sauberzweig eindeutig ab, will aber als »treuer Untertan« anerkannt bleiben.

»Meine Brüder! Als wir in Salzuflen [bei der Reichstagung] zusammen waren, war der überwiegenden Zahl der anwesenden Brüder, darunter auch mir, schon völlig klar, daß die sogenannte ›Glaubensbewegung Deutsche Christen‹ eine überaus menschliche und dazu schwarmgeistige Bewegung sei, von der die Gemeinde Jesu klar abrücken müsse. Wir konnten die andersdenkenden Brüder nicht überzeugen, verließen aber Salzuflen in der Gewißheit, daß über kurz oder lang die ›Glaubensbewegung Deutsche Christen‹ ihr wahres Gesicht so deutlich zeigen würde, daß keine unserer Brüder mehr getäuscht werden könnten. Das ist nun geschehen, wahrlich schneller, als wir gedacht hatten. Daß die einmütig angenommene Entschließung im Berliner Sportpalast den Grundlinien des Pastorengebetsbundes widerspricht, wird jedem von Euch klar sein. Nun ist es wohl Pflicht eines jeden Mitgliedes unseres Bundes, einmal allen Ernstes die inneren Grundlagen dieser Bewegung zu prüfen. Brüder, wo wird in dieser Bewegung in biblischer Weise von der eigenen Sünde gesprochen? Wo spürt man etwas von wirklicher Buße? Wie steht es in dieser Bewegung mit der Wahrheit, wenn man bis auf diese Stunde den Führer unseres Volkes in dem Glauben erhält, daß diejenigen Pastoren, die aus rein religiösen Gründen … der ›Glaubens‹bewegung nicht beitreten, politisch unzuverlässig und keine treuen Untertanen des Dritten Reiches sind? Wie läßt sich die heilig-ernste Gebundenheit an Christus und sein Wort mit dem Führerprinzip (nicht auf politischem, sondern auf religiösem Gebiet) vereinbaren, zu dem man sich jetzt in Weimar wieder ausdrücklich bekannt hat? (…) Mit alledem möchte ich persönlich wahrlich niemand wehtun. Das wißt Ihr alle, die Ihr mich kennt. Freilich, einen Irrtum erkennen und zugeben, tut weh, ist aber auch köstlich befreiend. Wollt ihr, teure Brüder, die ihr euch in den letzten Monaten den ›Deutschen Christen‹ angeschlossen habt, hinter so vielen anderen zurückstehen, die jetzt ihren Irrtum erkannt und daraus die Folgen gezogen haben?«

In der nächsten Nummer der Brüderlichen Handreichung

druckt Sauberzweig die Reaktionen ab. Von 33 Stimmen sind 26 dankbar für das persönliche Wort; 7 stehen auf Seiten der DC, 4 davon treten aus dem PGB aus; einer akzeptiert keinerlei kirchenpolitisches Engagement des PGB, einer gibt seiner Trauer Ausdruck und einer – Kreisobmann der DC – argumentiert gegen Sauberzweig.

Weiter noch als Hans von Sauberzweig geht ein PGB-Bruder, der in einem Rundbrief schreibt: »Daß wir in Hitler einen von Gott gegebenen ›Heiland‹ (2. Kön. 13,5) erkennen, habe ich in einem Anruf eines Alten an die Jungen im ›Ruf‹ ausgeführt.« Gleichzeitig meint er jedoch: »Daß die Rassenfrage auch in der Kirche maßgebend sein soll, ist gegen den 3. Hauptartikel und kann schwere Nöte bringen.« Woran ihm eigentlich liegt, das ist ein Durchbruch in der Volksmission: »Man bedenkt zu wenig, daß der alt-böse Feind alles aufbieten wird, um eine wirkliche Erweckung in unserem Volk zu hintertreiben.«[19] Im Blick auf den Anti-semi-tismus schreibt ein anderer: »Es ist dankenswert, daß der Macht der Juden eine Gegenmacht entgegengetreten ist. (…) Aber die Härten, von denen auch edle Juden & Judenchristen getroffen werden, sind doch tief zu bedauern.«[20]

Indes wissen wir von einem PGB-Bruder Riehm in Ispringen, daß er flüchtige Juden versteckt hat.[21]

1934 Ein theologisch über seine Zeit hinaus profilierter PGB-Bruder schreibt in einem Rundbrief: »Sind wir wirklich ein ›Gebetsbund‹, so heben wir unsere Blicke zu Jesus und beten in seinem Namen; das heißt aber, daß wir vor Ihm stehen, der das Echte an dem Wollen der ›Deutschen Christen‹ und das Echte an dem Wollen vom Notbund und von der Jungreformatorischen Bewegung weiß. (…) Wir wollen in der Glaubensbewegung für die Brüder von den andern Bewegungen und in den andern Organisationen und Bewegungen für die Brüder von der Glaubensbewegung beten, daß wir uns demütigen lassen unter die Hand Jesu, daß er uns brauchen könne, da wo er uns haben will!«[22] Dieses Denken, dass das Gebet die kirchenpolitischen Gegner im PGB zusammenhalten möge, findet sich noch öfter.

Doch Walter Michaelis freut sich über jeden PGB-Bruder, der

bei den »Deutschen Christen« austritt.[23] Gleichzeitig erwägt er, ob man neben dem Pfarrernotbund eine »zweite Front« gegen die DC aufstellen solle oder ob schon sehr viele PGB-Brüder zum Notbund gehören.[24]

Karl Immer legt – vermutlich Ende 1933 – dar, worin die Aufgabe des PGB 1934 besteht: »1) In dem tapferen Mitkämpfen für die objektiven Grundlagen unseres Glaubens und unserer Kirche. 2) In der klaren Betonung, daß es mit dem Objektiven allein noch nicht getan ist, sondern daß die subjektive Aneignung des Heils hinzukommen muß.«[25] Einen Monat später schreibt er: »Die Lage ist jetzt völlig klar. Nach dem furchtbaren Umfall sämtlicher bis dahin bekenntnistreuen Kirchenführer am 27. Januar ist die Kirche preisgegeben an die D.C.-Diktatur. (…) Es sind in diesem Augenblick Verfolger und Verfolgte zusammen in einem Pastoren-Gebetsbund. Daraus ergibt sich die Aufgabe des Vorstandes, die Brüder, die sich von den D.C. nicht lösen wollen, aus unserem Bunde feierlichst auszuschließen. Die andere Aufgabe besteht darin, die einsamen Bekenner, die vielfach ohne Rückhalt in Gemeinde und Pfarrerschaft ihren schweren Kampf kämpfen, auf allerlei Weise zu stärken. (…) Ernstlich zu fragen wäre doch auch, ob wir nicht in diesem Augenblick ein ernstes Mahn- und Bußwort an alle Kirchenregierungen richten sollen.«[26]

Im Oktober 1934 gibt der PGB anlässlich der Jahrestagung in Königsfeld (Schwarzwald) seine »Königsfelder Erklärung« heraus, die im Wesentlichen auf den Schriftführer Hans von Sauberzweig zurückgehen dürfte. Nach dem Bekenntnis zu Jesus Christus und seinem stellvertretenden Sühnetod und zur Heiligen Schrift Alten und Neuen Testaments wird die Ablehnung nicht nur gegenüber den DC erklärt, sondern auch gegenüber einer abwartenden oder auf Neutralität bedachten Haltung. Weiter heißt es: »3. Wir stehen dagegen in herzlicher Verbundenheit zu allen Brüdern im Amt, die um die Erneuerung der Deutschen Evangelischen Kirche aus dem Wort und dem Geiste Gottes ringen. Wir stehen insbesondere fürbittend hinter allen denen, die um dessentwillen schon Anfechtung und Bedrückung erleiden mußten. 4. Unseren besonderen Auftrag von Gott aber sehen wir darin, immer wieder zu betonen, daß es nicht nur auf biblische *Recht*gläubigkeit, sondern vor allem auf die rechte *Gläubigkeit* ankommt, daß insbesondere ein Pastor von Gott geboren und bereit sein muß, mit dem Volke Gottes Schmach zu leiden, wenn anders er seinen Dienst in Beweisung des Geistes und der Kraft ausrichten will.«[27]

Die Mitgliederversammlung stellt sich 1935 einstimmig – bei einer Enthaltung – zur Königsfelder Erklärung.[28]

Alfred Christlieb stirbt. Walter Michaelis wird fast 20 Jahre später über ihn schreiben: »Alfred Christlieb war nicht das, was man eine Führerpersönlichkeit nennt. Als die Kämpfe um die Stellung zu den Deutschen Christen entbrannten, sah er nicht klar. Aber er fand sich zurecht. Und er war auch in dieser Zeit das Vorbild eines Christen, der ein Beter ist. Manche von den jüngeren Gliedern unseres Bundes haben ihn nicht mehr gekannt. Aber wo er ging und stand, wo er das Wort Gottes auslegte und über Fragen des Reiches Gottes sprach, da hatte jeder den unmittelbaren Eindruck, dieser Mann steht vor Gott. Gebet ist das Atmen seiner Seele. Der Kreis seiner Fürbitte hatte einen weiten Radius. Möchte diese Gnadengabe unseres einstigen ersten Vorsitzenden immer über unserem Bunde walten!«[29]

Walter Michaelis wird neuer Vorsitzender des PGB.

Im Herbst findet zum wiederholten Mal eine Pfarrerrüstzeit auf dem Thomashof bei Karlsruhe statt, die von der Volksmission und dem PGB getragen wird. Erstmals ist Erich Schnepel Referent, der diese Rüstzeiten bis in die 50er Jahre mit seinem Studienfreund und PGB-Bruder Dekan Friedrich Hauß gemeinsam verantwortet.[30]

1936 Der »Pastoren-Gebetsbund« wird in »Pfarrer-Gebetsbund« umbenannt; dabei ist der Wunsch aus Süddeutschland maßgebend, wo die Amtsbezeichnung »Pastor« unüblich ist.[31]

Während der Reichstagung des PGB im September in Neuhäuser/Ostpreußen treffen sich die Vertrauensleute der einzelnen Bezirke und beschließen ein neues Grundsatzpapier »Der Pfarrer-Gebetsbund«, das auch die Nähe zur Bekennenden Kirche erklärt:

»Die erste Aufgabe des Bundes sagt sein Name. Wir wollen in Fürbitte allein in der Studierstube und gemeinschaftlich füreinander eintreten gegenüber den Anforderungen, Schwierigkeiten, Freuden und Nöten des Amtes. Wir möchten auch einander helfen zu rechter Haushalterschaft über Gottes Geheimnisse, daß wir in unsrer Verkündigung der Gemeinde die Taten Gottes nicht nur aus theologischer Überzeugung wie Referenten von geschichtlichen Ereignissen sagen, sondern vom Geist gesegnet und gesalbt als Zeugen erfunden werden, damit, wo und wie es Gott gefällt, unsre Gemeindeglieder das Leben, das aus Gott ist, erlangen und darin gestärkt werden. Wir wissen aber, daß wir diese Ausrüstung nur empfangen können, wenn wir Prediger selbst in der Neuheit dieses Lebens in Christus wandeln, das dem Glauben in der Wiedergeburt und Bekehrung geschenkt wird. ›Wie ihr nun angenommen habt den Herrn Christus, so wandelt in Ihm‹ (Kol. 2,6). Wir möchten uns untereinander fördern, daß wir, also in Christus erfunden, Vorbilder der Herde werden. Wir stehen in einer Zeit besonderer Auseinandersetzungen, kirchlich wie theologisch. Wir bekennen uns, ohne ein Mitglied organisatorisch zu binden, zu den Bemühungen der Bekenntnis-Bewegung um eine durch Wort und Geist erneuerte und lebendige Kirche. Wir wünschen in dem Ringen um das Verhältnis von Reformation und Pietismus, auch durch gemeinsame theologische Arbeit, einander zu helfen, damit die durch die Reformation neu herausgestellten Grundwahrheiten und das für uns unaufgebbare Erkenntnisgut des Pietismus sich in unsrer Verkündigung und Seelsorge durchdringen. Wir möchten an unserm Teil in einer neu aufkommenden Zeit der Orthodoxie mit ihren Werten und Gefahren der Kirche den Dienst tun, den Gott ihr einst durch Männer wie Francke, Spener und Zinzendorf schenkte. Wir wollen nicht stehenbleiben bei der Antithese, sondern suchen die im Wort gegebene und aus ihm zu findende Synthese. Jeder Pfarrer, Vikar oder Kandidat einer deutschen Landeskirche oder einer deutschsprachigen Auslandsgemeinde, der mit uns in den Zielen unsers Bundes einig ist, ist uns als Mitglied willkommen.«[32]

1937 Eine Umfrage ergibt, dass sich 16 Vertrauensleute hinter die Königsfelder Erklärung von 1934 stellen, während 3 dafür sind, dass der PGB sich aller Stellungnahmen enthalten sollte; unter ihnen sind allerdings zwei prominente PGB-Brüder: Ernst Modersohn und Erich Schnepel. Letzterer schreibt: »Die BK war [!] notwendig. Gott hat sie als ein Werkzeug für einen ganz bestimmten Dienst gebraucht. Die Frage ist, ob der P.G.B. dieselbe Aufgabe hat wie die BK. Der Unterschied der Funktionen dieser beiden Größen ist nicht immer klar gesehen worden. Darum hat der P.G.B. nach meinem schmerzlichen Eindruck seine missionarische Stoßkraft in der deutschen Pastorenschaft in den letzten Jahren weitgehend eingebüßt. … Wie würde ich mich freuen, wenn unser P.G.B. wieder eine missionarische Aktion unter der gesamten deutschen Pastorenschaft entfalten könnte! Dazu aber wäre, ungeachtet des eigenen bekenntnismäßigen Standpunktes, eine Offenheit des Herzens gegenüber jedem Pfarrer nötig, einerlei welchen Typus er verkörpert. … Es droht uns im P.G.B. unter dem Einfluß von Barth und der BK die alte Schau für den Leib Christi oder die Gemeinde Jesu verloren zu gehen, die wir sehr real unter uns sehen und erleben, aber mit keiner kirchlichen und sonstigen Organisation gleichsetzen können.«[33]

Ernst Modersohn unterstützt Erich Schnepel und wirft seine ganze Autorität in die Waagschale, wenn er erklärt: »Als Vater und Gründer des PGB [!] darf ich sagen, was der Gedanke war, der mich bei der Gründung des Bundes leitete. Ich bin gewiß, daß es ein Gedanke war, den Gott mir eingab. Er wurde dann auch von den Brüdern angenommen. Der Gedanke war erstens, daß den Amtsbrüdern, die es in ihrer Synode schwer hatten, ein brüderlicher und seelsorgerlicher Dienst geschehen sollte. Und zweitens, daß die Mitglieder des PGB an ihren Kollegen das treiben sollten, was man kurz Pastorenmission nennen könnte. Das ist der

> »Es droht uns im P.G.B. unter dem Einfluß von Barth und der BK die alte Schau für den Leib Christi oder die Gemeinde Jesu verloren zu gehen, die wir sehr real unter uns sehen und erleben, aber mit keiner kirchlichen und sonstigen Organisation gleichsetzen können.«

Auftrag, den Gott dem PGB gegeben hat. Solange der Bund auf diesem Geleise blieb, hat Gott ihn gesegnet, seitdem man begonnen hat, diese Linien zu verlassen, droht das Auseinanderfallen des Bundes.«[34]

Obwohl Walter Michaelis den Schriftführer Hans von Sauberzweig unterstützt,[35] legt dieser sein Amt nieder, bleibt aber im Vorstand. Sein Nachfolger wird Ludwig Thimme. Dieser ist freilich auch im Kirchenkampf engagiert, wenn er auch nicht in dem Maße hinter der BK steht wie Hans von Sauberzweig. Er schätzt die Lage so ein, dass eine Nationalkirche kommen wird und dass die BK den Weg in die Freikirche wählen müsse. Doch er hat Zweifel, dass die Gemeinden dazu bereit sind. Daher schlägt er vor, über die roten Mitgliedskarten hinaus die Kerngemeinde als *ecclesiola in ecclesia* zu stärken. »So sollte die Parole zur Zeit vielleicht auch weniger Bekennende Kirche, sondern Kirche überhaupt lauten. Für oder wider Christus, darum geht es und nichts anderes! Christus oder Antichristus!«[36]

1938 Der Vorstand erlässt »Richtlinien für die Bezirksarbeit im P.G.B.«. Dabei geht es um die innere Stärkung des Bundes nach den Auseinandersetzungen über den Kurs im Kirchenkampf. So taucht erstmals der später programmatische Begriff der »Bruderschaft« auf, während kirchenpolitische Fragen völlig eliminiert sind:

»1. Der P.G.B. in den Bezirken soll ebenso wie der ganze Bund eine geistliche Bruderschaft sein. Für seinen inneren Stand wie äußere Betätigung ist der Vertrauensmann je nach gottgegebenen Gaben und Möglichkeiten verantwortlich. 2. Die Aufgabe dieser Bruderschaft ist eine doppelte: Einmal die Pflege der brüderlichen Gemeinschaft untereinander, sodann Zeugnis und Dienst mit dem uns anvertrauten Pfund unter unsern Amtsbrüdern. 3. Gemäß dem Namen unseres Bundes ist zur Pflege der brüderlichen Gemeinschaft untereinander die Fürbitte das Wichtigste. Da diese praktisch nicht ohne die gegenseitige Kenntnis der persönlichen Verhältnisse möglich ist, so hat der Vertrauensmann es sich angelegen sein zu lassen, dieselbe zu vermitteln. Dazu sollen die Bruderbriefe dienen, die der Vertrauensmann in möglichst regelmäßigen Abständen an alle Brüder seines Bezirks sendet. (…) 4. Neben dem Band der Fürbitte brauchen wir ebenso unsre brüderlichen Zusammenkünfte. (…) Der Charakter dieser Zusammenkünfte soll brüderlich-seelsorgerlich sein. So sehr wir auch hier auf gründliche theologische Arbeit Wert legen wollen, so soll doch immer wieder der Raum für brüderlichen Austausch der persönlichen und der amtlichen Erfahrungen und Nöte wie das Gebet gewahrt werden. Das Ziel dieses brüderlichen Austausches sowie der Gebetsgemeinschaft sei eine praktische Arbeitsgemeinschaft im Dienst unsrer Gemeinden sowie unsrer Kirche. (…) Erwarten wir aber, daß die andern zu uns kommen, so wollen auch wir es unsrerseits nicht daran fehlen lassen, an pastoralen und kirchlichen Veranstaltungen verschiedener Art mitzuarbeiten, soweit sie sich in den Linien der Schrift und des Bekenntnisses halten. Unser letztes Ziel sei nicht unser Bund, sondern das Reich Gottes, dem wir dienen und auf dessen Kommen wir warten. 7. Als das A und O alles dessen, was der Herr für unsern Dienst im P.G.B. sowohl von seinen Mitgliedern wie von jedem Vertrauensmann erwartet, ist die Treue zu bezeichnen gemäß dem Apostelwort (1. Kor. 4,2): ›So sucht man nicht mehr an den Haushaltern, denn daß sie treu erfunden werden.‹ ›Der ewige Gott aber schenke uns allen die rechte Treue bis in den Tod!‹ (Offenb. 2,10).«[37]

Unser letztes Ziel sei nicht unser Bund, sondern das Reich Gottes, dem wir dienen und auf dessen Kommen wir warten.

Bei einer Vorstandssitzung im Rahmen der Reichstagung am 3. Oktober 1938 in Bad Liebenzell blickt Ludwig Thimme auf die ersten 25 Jahre des PGB zurück und fasst sie zusammen unter den Stichworten »Erweckung« und (seit 1933) »Krise«. Daraus zieht er folgenden Schluss: »Unsere Aufgabe ist heute Sammlung, nicht neuer Angriff. Zum Sammeln gehört ein Panier. Dieses ist für uns 1. Bruderschaft in Christo. Nicht eine Lehre hält uns zusammen, sondern die Gegenwart des lebendigen Christus. Wir haben nicht die Bekenntnisfahne, nicht die Gemeinschaftsfahne, nicht die Gruppenfahne, sondern

Nicht eine Lehre hält uns zusammen, sondern die Gegenwart des lebendigen Christus.

den lebendigen Christus. Unser Panier ist 2. Gebetsgemeinschaft. Wir sind kein Debattierklub. Pastorale Vielgeschwätzigkeit paßt nicht zu uns.«

Sodann knüpft er an die Arbeit seines Vorgängers Hans von Sauberzweig an, dessen Initiativen zur »Neuorientierung« Gott selbst bestätigt habe. »Diese Neuorientierung hatte zur Voraussetzung die Ernüchterung, die mehr und mehr geschenkt wurde. Das Ziel, das uns neu klar wurde, ist nicht das christliche Volk, ist auch nicht die Errettung von Einzelseelen, sondern ist der Bau der Gemeinde Jesu Christi. Wir wollen als Pfarrer der Kirche den Bau dieser Gemeinde in der Kirche. Wir haben an der Erneuerung der Kirche mitzuarbeiten.«[38]

1940 Walter Michaelis hat wiederholt sein Amt als erster Vorsitzender abgeben wollen, doch die Brüder vom Vorstand haben ihn davon zurückhalten können. Seit 1940 versieht jedoch sein Stellvertreter Hans von Sauberzweig die Geschäftsführung.

1946 Bei der ersten Tagung nach dem Krieg wird in Marburg Theodor Brandt als Nachfolger von Walter Michaelis Vorsitzender des PGB. In die wichtige Funktion des Schriftführers wird Erich Schnepel berufen. Er übernimmt das Amt von Ludwig Thimme, der dem PGB »Sieben Bitten« mitgibt: »1. Vergeßt nicht, was ihr seid! (…) Ein Kind des Pietismus bzw. der Gemeinschaftsbewegung«. – »2. Verachtet die Theologie nicht! (…) Denn alle noch so innige Frömmigkeit verfällt ohne klare biblische Lehre der Gefahr der Schwärmerei.« (…) – »3. Habt die Kirche lieb! (…) Um so mehr aber gilt es, diese schwache, auf den Tod kranke und vielfach bis zur Unkenntlichkeit entartete Kirche von ganzem Herzen liebzuhaben.« – »4. Helft einander in den Amtsnöten!« – »5. Betet füreinander!« – »6. Betet für die Amtsbrüder!« – »7. Betet für die Bundesleitung!«[39]

Der »Brüderlichen Handreichung« sind erstmals »Persönliche Mitteilungen« beigelegt.

Otto Rodenberg (links), Theodor Brandt (Mitte)
und Erich Schnepel (rechts)

1947 Der »Pfarrer-Gebetsbund« heißt seit der Haupttagung in Marburg »Pfarrer-Gebetsbruderschaft«.

1948 Erich Schnepel notiert seine »Gedanken zur Arbeit in der Pfarrerschaft der Evang. Kirche in Deutschland« in der Nachkriegssituation: »Die Umwälzungen in der Theologie in den letzten 25 Jahren, das schwere Ringen der Kirche im Dritten Reich und die innere Situation der Nachkriegszeit haben eine tiefgehende Veränderung in der deutschen Pfarrerschaft hervorgerufen. Noch nie ist die Pfarrerschaft für die allerletzten Fragen des Lebens und Dienstes für Christus so offen gewesen wie in den Jahren seit dem Zusammenbruch. Diese Offenheit ist bei weitem nicht so fruchtbar gemacht worden, wie es hätte sein können, weil das Ringen der Kirchenleitungen durch den organisatorischen Neuaufbau der Evangelischen Kirche und durch viele andere

Aufgaben stark in Anspruch genommen wurde und nicht allen Kreisen die große innere Not und Offenheit der Pfarrerschaft sichtbar war. Es gibt nur noch sehr wenige Pfarrer und Pfarrfrauen in Deutschland, die sich über den Mangel an wirklicher Gemeinde Jesu Christi hinwegtäuschen können. Das innere Leid der Pfarrhäuser um diesen Tatbestand ist weithin grenzenlos. Es ist geradezu ein Trostamt in der Evang. Kirche nötig, das aus Brüdern besteht, die als Auftrag hätten, von Pfarrhaus zu Pfarrhaus zu ziehen, um bei dem Mutloswerden zu erwecken und zu echtem Dienst zu rüsten. (…) Niemand hat für die Gestaltung echter Gemeinde solch eine Schlüsselstellung wie der Pfarrer. Für die Nicht-Pfarrer einer Gemeinde, die im Leben mit Christus stehen, ist es sehr schwer, ohne den Pfarrer einen umfassenden Dienst zu tun. Für alle Überfülle prächtiger Pfarrer fehlt der Anschauungsunterricht tatsächlicher Gemeinde. Darum haben sie auch in ihrem Dienst keine echte neutestamentliche Zielsetzung und quälen sich schier zu Tode. Sie ahnen gar nicht, daß neutestamentliches Gemeindeleben nicht in irgendeiner Kopie, aber in neutestamentlicher Kraft heute möglich ist. Der Herr Christus und seine Gemeinde sind keine anderen als vor 1900 Jahren. Es würde die Lebensrettung für manchen Pfarrer bedeuten, wenn ihm hierfür der Blick aufginge. Dieser Blick ist aber nach Johannes 3 nicht möglich ohne eine persönliche Wiedergeburt im heiligen Geist. Die Fragestellungen unserer Gesamtkirche und der Kirchenleitungen sind keine anderen. Noch wäre es Zeit, eine umfassende Schlacht um unsere Pfarrerschaft in echt seelsorgerlicher Weise zu schlagen.«[40]

Bei einer Tagung mit Erich Schnepel kommt es zur Gründung der Schweizerischen Evangelischen Pfarrbruderschaft.

1952 Als Zentrale entsteht die Heimstätte des PGB in Großalmerode. Am 15. Mai 1953 wird sie bezogen.[41]

1953 Als einen ersten Impuls für die Arbeit an Theologiestudierenden hält der Vorstand der PGB fest: »Die Auswirkungen der Bultmannschen Theologie auf die Studenten ist auf vielen Universitäten festzustellen. Wir sollten von der PGB aus die gläubigen Studenten nicht alleine lassen, sondern ihnen während des Semesters und in den Ferien beistehen. Wir sollten uns Zugang zu diesen Studenten verschaffen, nicht in großen Aktionen, sondern in unserem kleinen Stil. (…) Wo sonst Pfarrer die Gabe und Gelegenheit dazu haben, sollen diese die Studenten in ihre Gemeinden einladen, denn eine lebendige Gemeinde ist der rechte Anschauungsunterricht.«[42]

Wir sollten von der PGB aus die gläubigen Studenten nicht alleine lassen, sondern ihnen während des Semesters und in den Ferien beistehen.

Theodor Brandt blickt auf die letzten Jahre zurück: »Neue und große Fragen entstanden nach 1945. Was uns einst in der DCSV bewegte: Christus, der Herr in allen Reichen!, durchzog nun die Kirche mit tiefer Verantwortung. Akademien, Kirchentage,

Heimstätte in Großalmerode

1. Pfarrerrüste in der Heimstätte

Volksmission und manches andere sucht heute dem nachzukommen unter dem Leitgedanken: Das Evangelium ist die Quelle der Kraft, die allem irdischen Tun die rechte Ausrichtung gibt. Der aber als Haupt seine Gemeinde lenkt, hat uns in diesen Jahren geschenkt, daß Kirche und Gemeinschaft sich mehr und mehr begegneten.«[43]

1956 Die bei der Haupttagung in Bad Liebenzell anwesenden Mitglieder beschließen, dass sich zur Unterstützung des Vorsitzenden und des Schriftführers ein Zentraler Arbeitskreis konstituieren soll.[44]

1957 Die Haupttagung muss in diesem Jahr ausfallen, weil sich kein Haus für 300 Konferenzteilnehmer findet. Stattdessen tagt eine Delegiertenversammlung in Dassel. Sie beschäftigt sich auch mit dem »Strukturwandel der PGB« hin zu neuer Verbindlichkeit. Ein neues Grundsatzpapier wird beschlossen, das im Wesentlichen auf den Unterzeichner Erich Schnepel zurückgehen dürfte.

Hier ist erstmals offiziell von den Kleinkreisen die Rede, die v. a. seit dem Krieg entstanden sind: »Zu den Lebenslinien der Bruderschaft gehören folgende konkrete Punkte: Tägliche persönliche ,Bibellese, Fürbitte für die Brüder in dem Maße, wie sie innerlich befohlen wird; Bruderschaft im Kleinstkreis zu dritt oder mehr Brüdern; Opfer für die Aufgaben der Bruderschaft; möglichst jährliche Teilnahme an einer Tagung der Bruderschaft; Mitverantwortung für den Weg der Bruderschaft und ihre Glieder; Ringen um die Brüder im Amt, denen man den Zugang zu dem Geheimnis Jesu und dem Geheimnis seiner Gemeinde erschließen möchte. Entscheidend wird immer sein, was sich in den kleinsten Zellen der Bruderschaft an geistlichem Leben gestaltet. Wer sich dem Leben in den kleinsten Zellen entzieht, bringt sich um das Wertvollste in der Bruderschaft.

Wer sich dem Leben in den kleinsten Zellen entzieht, bringt sich um das Wertvollste in der Bruderschaft.

Aus der Bruderschaft der Pfarrer entwickelt sich je länger je mehr eine brüderliche Verbindung zwischen Bruderzellen, die in den Gemeinden dieser Pfarrer heranwachsen. Solche Beziehungen zwischen den Bruderzellen der Gemeinden zu gegenseitiger Stärkung und gemeinsamem Dienst ist nicht mehr wegzudenken. Hier bricht sich eine neue bruderschaftliche Form des Dienstes Bahn. Der Antrag um Aufnahme in die Bruderschaft ist an den Landesarbeitskreis zu richten. Wir erbitten uns von jedem Bruder einen Lebenslauf, der weniger die äußeren Dienste enthält als vielmehr ein Zeugnis von der Geschichte, die Christus in seinem Leben gestaltete und durch die er ihn in seine Gemeinschaft zog. (…) Wie die ganze Gemeinde Christi auf Erden ein Bruchstück voller Not und Sünde ist, so ist es auch unsere Bruderschaft. Darum sind wir jedem Bruder dankbar, der uns helfen will, das Leben unserer Bruderschaft und ihren Dienst unter den Amtsbrüdern echter zu gestalten.«[45]

1958 Der Gesamtarbeitskreis der Pfarrer-Gebets-Bruderschaft für die Deutsche Demokratische Republik berät und beschließt am 24. und 25. Februar in Berlin Richtlinien, die weitgehend mit denen des Grundsatzpapiers von 1957 übereinstimmen.

1959 Hermann Risch wird Reisesekretär der PGB. Zwei Jahre zuvor hat er folgenden kurzen Beitrag in den Persönlichen Mitteilungen veröffentlicht, der über seine Motivation Auskunft gibt und vielleicht auch zu seiner Berufung geführt hat: »Obwohl ich schon einige Zeit Berührungen mit der PGB hatte, ist mir erst im letzten Jahr klarer und damit auch brennender geworden, welche Aufgabe sie hat – in meinen Augen: 1. Klar zu wissen und klar zu sagen, daß es auch beim Pfarrer nicht geht ohne persönliche Bekehrung, persönlichen Umgang mit dem Wort und persönliche Heiligung.

2. Bruderschaft zu fordern und zu schenken unter dem Wort, im gemeinsamen Gebet und in der *mutua consolatio fratrum*. 3. Von dieser Bruderschaft her Gemeinde bauen. Also auch in der Gemeinde kein Einmannsystem, sondern eine Arbeitsmannschaft, und keine Autonomie der Einzelgemeinde, sondern ein lebendiger Austausch. Echte PGB ist nur da, wo Erweckung ist unter den Pfarrern. Wo das wirklich ist, gibt es noch eine große Hoffnung für unsere Kirche und unser Volk.«[46]

> »Echte PGB ist nur da, wo Erweckung ist unter den Pfarrern. Wo das wirklich ist, gibt es noch eine große Hoffnung für unsere Kirche und unser Volk.«

Seine Frau erinnert sich: »Als im Laufe der Jahre durch die vielseitige Belastung der Gesundheitszustand von Pfarrer Schnepel immer schlechter wurde, fragten die Verantwortlichen in der Pfarrer-Gebets-Bruderschaft Gott, welchem jüngeren Bruder sie das Schriftführeramt übergeben sollten. Sie baten meinen Mann, … damals Pfarrer in Ludwigshafen, diese große Aufgabe zu übernehmen. Er sah sie als einen Auftrag Gottes an, wurde von der pfälzischen Landeskirche beurlaubt und zog mit seiner kinderreichen Familie nach Großalmerode in die leerstehende Heimstätte. Von diesem Zeitpunkt an reisten nun zwei Brüder, ein alter und ein junger, vereint zu Pfarrerrüstzeiten, Studentenseminaren und Gemeindediensten in ganz Deutschland und weit über die Grenzen hinaus. Wenn die beiden von einer Tour zurückkamen, berichteten sie der Sonntagsgemeinde von ihren Erlebnissen und baten um Fürbitte für die nächste Reise. Wir, die wir zu Hause blieben, liebten diese Sonntagabende mit den Reiseberichten. Wir

Hermann Risch

taten einen Blick in die Weite, sahen voller Freude, was Gott in einigen Gegenden getan hatte und hörten mit Besorgnis von manchen Schwierigkeiten. (…) Auch die ›PGB-Frauen‹, Frau Schnepel und ich, die wir zu Hause bleiben mußten, wenn unsere Männer auf Dienstreise waren, empfanden durch die Gemeinde ein Gefühl der heimatlichen Geborgenheit. Wir merkten deutlich, wie manche betende Mutter aus Großalmerode und Epterode auch uns beiden Frauen und unsere Kinder mit ihrer Fürbitte umgab. (…) Mein Mann arbeitete mit großer Freude und seinem ganzen Einsatz in der Pfarrer-Gebets-Bruderschaft. Er sah seine Aufgabe darin, Bruder unter Brüdern zu sein, und war Verbindungsmann zwischen Ost und West, Süd und Nord. Er sah oft mit Deutlichkeit, wo die Gaben und Aufträge seiner Brüder lagen, und half manchen von ihnen beim Aufbau ihrer Gemeinden. Auch hatte er das Vertrauen und die Anerkennung vieler Studenten gewonnen und half ihnen gern bei der Durchführung ihrer Rüsttage.«[47]

Risch wird durch seinen frühen Tod 1965 aus allen seinen Aufgaben herausgerissen.

1961 Das erste Ferienseminar findet in Jugenheim an der Bergstraße statt. Referenten sind Erich Beyreuther und Otto Michel. Letzterer schreibt über seine Intention im Rückblick: »Ich stelle fest, daß kein Kollege in meiner Umgebung eine Ahnung hat, welche theo-logischen Entscheidungen mich dazu trieben, die Arbeit an den Ferienseminaren und an der Zeitschrift zu übernehmen. E. Wolf sagte einmal persönlich: Sie wollen sich offenbar seelsorgerlich um die Fußkranken der theologischen Debatte kümmern. Ich habe das nicht in Abrede gestellt, sondern berichtigt: Ich hatte entscheidende theologische Interessen. (…) 1. Es ging um die Einheit der Heiligen Schrift als hermeneutisches Problem und damit um die Wichtigkeit des AT. Im Hintergrund stand die Frage nach dem Verhältnis von Rechtfertigung und Heilsgeschichte. 2. Es ging um die Betonung der reformatorischen Theologie auch in ihrem Verhältnis zum Pietismus und den drängenden Problemen der Gegenwart. Der tiefe Einsatz Luthers schien in den erwähnten Jahren endgültig verloren zu gehen. 3. Dem Studenten sollte die enge Verbundenheit von Glaube und Theologie bzw. persönlicher Nachfolge und kirchlichem Amt eindrücklich vor Augen geführt werden. Die Frage, was Glaube sei, stand uns in jedem Ferienseminar vor Augen.«[48]

Im September wird Otto Rodenberg Schriftleiter der Brüderlichen Handreichung; seit August sind die Persönlichen Mitteilungen als selbsständiges Organ der Buderschaft erschienen.

1963 Theodor Brandt scheidet als 1. Vorsizender aus und wird von Theo (eigentlich Theophil) Schnepel – dem Sohn von Erich Schnepel – abgelöst.

Otto Michel, Erich Beyreuther und Erich Schnepel (von links)

1965 Gerhard Klötzner löst Ringulf Siegmund als Leiter des Gesamtarbeitskreises der PGB in der DDR ab.

1966 Otto Rodenberg wird Schriftführer des PGB.

1967 Helmut Burkhardt wird Theologischer Referent des PGB (bis 1976).

1970 Das erste Heft der »Theologischen Beiträge« erscheint. Diese Zeitschrift löst die »Brüderliche Handreichung« ab.

Helmut Burkhardt legt eine Altersstatistik der PGB vor, um festzustellen, ob die Bruderschaft auch jüngere Pfarrerinnen und Pfarrer erreicht. Dabei muss er feststellen, dass 45,8 % der Mitglieder – also weniger als die Hälfte – unter 60 Jahre alt sind, 21,3 % unter

50 und nur 8,3 % unter 40. Sein Fazit: »… unerfreulich und des Nachdenkens wert sind die Zahlen schon!«[49]

1972 Die Geschäftsstelle wird von Rengshausen nach Marburg-Wehrda verlegt.

1974 Josef (»Sepp«) Leuthner wird Generalsekretär des PGB (bis 1980).

1976 Hermann Hafner wird Theologischer Referent des PGB und bleibt dies – mit einer Unterbrechung von 1980 bis 1988 – bis 1992.

1980 Johannes Eichler löst Theo Schnepel als Gesamtvertrauensmann ab. Sein Stellvertreter ist zunächst Christoffer Pfeiffer, ab 1985 Wolfgang Hessenauer.

1981 Gerhard Klötzner gibt aus Altersgründen sein Amt als Vertrauensmann für die PGB in der DDR an Eberhard Becker ab.

1983 Heinzpeter Hempelmann wird Theologischer Referent des PGB (bis 1988).

1988 Theo Sorg, langjähriger Vertrauensmann des PGB in Württemberg, wird Landesbischof seiner Heimatkirche.

Manfred Jehle, sein Nachfolger im Amt des Vertrauensmanns, legt nach der Einführung des neuen Landesbischofs den Geschwistern seines Bezirkes das Bruderschaftsgebet der Pfarrer-Gebetsbruderschaft in Württemberg ans Herz, das alle, »wenn irgend möglich am Samstag um 11 Uhr – beim Läuten –, eventuell erst um 12 Uhr« zu sprechen eingeladen sind:

»Herr Jesus Christus,
Du Herr Deiner Gemeinde und auch unserer Bruderschaft,
vor Dir gedenke ich all der Brüder und Schwestern,
die zu unserer Gemeinschaft gehören.
Stärke und erhalte sie im lebendigen Glauben an Dich
und in herzlicher Liebe untereinander.
Laß die Freude an Dir ihre Stärke sein.
Segne sie und ihren Dienst.
Die angefochten sind, tröste.
Die besonderen Belastungen ausgesetzt sind, stärke.
Die verzagt sind, richte auf.
Die unter Einsamkeit leiden, laß Bruderschaft suchen
und erfahren.
Die Du abrufst, laß in Deinem Frieden geborgen sein.
Sei mit denen, die in der kommenden Woche
ihren Geburtstag feiern …
Ich bitte Dich für alle, die besondere Verantwortung tragen
in unserer Bruderschaft …
Ich bitte Dich für unsere Kirche und ihre Leitung:
Für unseren Bischof, daß Du ihm Weisheit, Vollmacht,
Geduld und Liebe schenkst
und die nötigen Kräfte an Leib und Seele;
besonders bitte ich für …
Ich bitte Dich für alle, die Verantwortung tragen
in theologischer Forschung und Lehre,
daß sie Deinen Willen erkennen und lehren.
Uns alle erfülle mit Deinem Geist,
daß er uns leite, reinige und heilige,
daß er uns zusammenführe und zusammenhalte,
und wir Dir dienen in der Einheit des Geistes
in Deiner Gemeinde.
Du wirst Dein Werk vollenden.
Vollende es auch an mir.
Dich bete ich an und preise Dich,
Vater, Sohn und Heiliger Geist. Amen.«

1990 Friedrich E. Walther wird Gesamtvertrauensmann. Albrecht Becker steht ihm als Stellvertreter zur Seite.

1991 Heinz-Dieter Becker wird Theologischer Referent des PGB. Durch seine Initiative werden die zehntägigen Ferienseminare zu drei-tägigen »Theologischen Intensiv-Seminaren«. Auch die »Theo-logischen Beiträge« bekommen ein neues Gesicht.

In Großalmerode findet im Mai 1991 eine gemeinsame Tagung der beiden Arbeitskreise in Ost und West statt. Die Teilnehmer (*nach dem Bild:* Siegfried Lange, Martin Hüfken, Werner Weiß, Marita Haller, Wolfgang Haller, Horst Münzel, Eberhard Becker, Horst Baldeweg, Heinz-Dieter Becker, Warner Bruns, Hermann Hafner, Theo Schnepel, Heinzpeter Hempelmann, Friedrich E. Walther, Helmut Arnold, Joachim Brandt, Helgo Lindner, Herbert Rodenberg, Albrecht Becker, Manfred Schultzki, Peter Anacker, Johannes Eichler, Gerhard Sedner und Bernhard Würfel) bereiteten die Haupttagung in Elbingerode (Harz) vor. Daran nehmen über 120 Geschwister aus allen Teilen Deutschlands teil und feiern am 1. Oktober die »Wiedervereinigung unserer Bruderschaft in Ost und West«.

1992 Nach der Wiedervereinigung wird aus dem Zentralen Arbeitskreis im Westen und dem Gesamtarbeitskreis im Osten ein gemeinsamer Gesamtarbeitskreis gebildet.

1999 Brasilianische Pfarrer lutherischer Konfession, deren Wohnorte weit voneinander entfernt liegen, finden sich erstmals als »Comunhão de Pastores« in einem Kleinkreis zusammen. Arno Paganelli aus Palhoca im Bundesstaat Santa Katharina, der auch Stadtrandmission unter den Ärmsten der Armen betreibt und dadurch vielfältige nationale und internationale Kontakte unterhält, hat den PGB bei einer Reise nach Württemberg kennen gelernt und als Exportartikel in seine Heimat mitgenommen. Der Kontakt nach Deutschland bleibt auch in den folgenden Jahren lebendig.

Reiner Braun wird Theologischer Referent des PGB und übernimmt seit 2000 bis zu seinem Ausscheiden 2002 auch Reisetätigkeiten.

2001 Im Januar beschließt die Vorständetagung den neuen Namen: »Pfarrerinnen- und Pfarrer-Gebetsbund«. Außerdem wählt sie Werner Kenkel zum Gesamtvertrauensmann und Helmut Heiser zu seinem Stellvertreter.

Im September wird nach der Pensionierung der langjährigen Sekretärin Ingrid Pfeil die Geschäftsstelle von Marburg nach Halver-Oberbrügge verlegt. Dort übernimmt Waltraud Donat das Büro.

2002 Im August wird Nadine Gleichmann, die aus dem thüringischen Seltendorf stammt, Theologische Referentin des PGB.

Zwischen Einheit und Eigenständigkeit – 40 Jahre PGB auf dem Gebiet der DDR

Wolfgang Haller

Das Schicksal unseres deutschen Vaterlandes war in den vergangenen Jahrzehnten nicht ohne einschneidenden Einfluss auf das Leben unserer Bruderschaft. Als der Zweite Weltkrieg zu Ende ging, fanden sich auch die Pfarrer in verschiedenen Besatzungszonen vor, die durch mehr oder weniger durchlässige Grenzen voneinander getrennt waren. Sehr bald verlief die Trennlinie besonders undurchdringlich zwischen Ost und West, und die Verwirklichung der gelebten Bruderschaft wurde immer schwieriger. Wohl wussten sich unsere Brüder und Schwestern allezeit in *einem* Geist und *einem* Glauben unter dem *einen* Herrn zu *einem* Dienst verbunden, aber das Zueinanderkommen wurde immer schwieriger.

Da das Reisen über die innerdeutsche Grenze hinweg zeitweise fast unmöglich wurde, sammelten sich die PGB-Bezirke auf dem Gebiet der DDR um ihren Vertrauensmann Ringulf Siegmund. Das geschah zu einer Zeit, als in den Westbezirken unter dem starken Einfluss von Erich Schnepel aus Großalmerode eine neue Qualität bruderschaftlichen Lebens im Kommen war. Mit großem Interesse und wacher Anteilnahme verfolgten die Brüder aus dem Osten, wie sich durch die Haupttagung in Bad Liebenzell 1956 und den Delegiertentag in Dassel 1957 ein »Strukturwandel der PGB« (so ein Vortrag von Erich Schnepel) vollzog. Es geschah so etwas wie »eine Revolution von oben« (Ringulf Siegmund).

Es geschah so etwas wie »eine Revolution von oben«.

Erstaunt und größtenteils erfreut nahmen die Brüder im Osten die neuen »Lebenslinien der PGB« zur Kenntnis; Eberhard Becker half ihnen durch eine sehr eindrückliche Interpretation, sie sich zu Eigen zu machen. Die neue Lebensform der Bruderschaft wurde auch in den PGB-Kreisen Ostdeutschlands wirksam. Das geschah jedoch nicht ohne Widerstand. Mancher Bruder fand sich schwer in die neuen

44

Strukturen, und in Sachsen geriet die Bruderschaft in eine ernste Krise, die mit dem Rücktritt ihres damaligen Vertrauensmannes ihren sichtbaren Ausdruck fand. Dennoch setzte sich die bruderschaftliche Leitungsform durch. So entstand der Gesamtarbeitskreis für das Gebiet der DDR. So entstanden in den PGB-Bezirken Nord, Sachsen-Anhalt, Thüringen und Sachsen Bezirksarbeitskreise. Sie sollten dem Vertrauensmann nicht nur »zur Seite stehen«, sondern mit ihm gemeinsam verantwortlich die bruderschaftliche Leitung verwirklichen.

Die Zusammensetzung des Gesamtarbeitskreises und der Bezirksarbeitskreise geschah durch eine Kombination von regionalen und charismatischen Gesichtspunkten. Und diese Form der Leitung bewährte sich. Wir merkten aber auch, dass sie davon abhängig war, Brüder mit geistlicher Autorität unter uns zu haben, denen Jesus geeignete Brüder zeigte, die sie dann ansprachen und zu verantwortlichem Dienst beriefen. Erich Schnepel besaß diese Gabe in hohem Maße, ebenso Gerhard Klötzner. Die Arbeit im Gebiet der DDR wurde durch den Gesamtarbeitskreis geleitet, dessen Vertrauensmann zunächst Ringulf Siegmund aus Dresden war. Als sein Nachfolger übernahm 1965 Gerhard Klötzner aus Scheibenberg diese Aufgabe, die er dann, als seine Kräfte nachließen, 1981 an Eberhard Becker aus Gräbendorf weitergab. Alle drei Brüder, die in den vergangenen Jahrzehnten die Verantwortung für die Bruderschaft im Osten ganz besonders trugen, haben mit großer Hingabe und unter vielen persönlichen Opfern ihre Gaben in die PGB eingebracht. Jeder von ihnen war auf seine Weise »Motor«, der zu lebendiger Bruderschaft helfen und darin erhalten wollte. Sie alle riefen treu und unermüdlich zum Hören auf das Wort, zum Gebet, zu brüderlicher Gemeinschaft und zur Verantwortung für unsere Kirche.

Die »Haupttagung DDR«, die jahrzehntelang im Wechsel zwischen dem Diakonissenmutterhaus in Elbingerode/Harz und der Stephanusstiftung in Berlin-Weißensee stattfand, war Treffpunkt für viele Brüder und Schwestern. Bei der Berliner Tagung ergaben sich da zunehmend auch Kontaktmöglichkeiten mit Brüdern und Schwestern aus den Westbezirken, die täglich, unter Mühen und belastet durch die Grenzkontrollen, aus Westberlin herüberkamen, um an unserem Ergehen Anteil zu nehmen und von sich selbst zu berichten. Diese Begegnungen waren für unser »PGB-Bewusstsein« von großer Bedeutung.

Oft kamen aber auch einzelne Brüder und Schwestern zu den Zusammenkünften des Gesamtarbeitskreises oder zu den Bezirkstagungen und knüpften so das brüderliche Band wieder neu. Nachdem wir seit 1962 nicht mehr an den Westberliner Tagungen in »Salem« (Lichtenrade) und im Johannesstift (Spandau) teilnehmen konnten, war uns das besonders wichtig.

Man darf nicht vergessen, dass durch die politischen Verhältnisse kein Ost-West-Kontakt ohne Gefährdungsrisiko war.

Hermann Risch, Otto Rodenberg, Theo Schnepel, Johannes Eichler und viele andere berichteten uns dabei vom Leben der Bruderschaft im Westen und halfen uns geistlich, geistig und materiell bei unseren Problemen. Dabei darf man nicht vergessen, dass durch die politischen Verhältnisse kein Ost-West-Kontakt ohne Gefährdungsrisiko war. Die Brüder, die diese Brückenfunktion innerhalb der PGB ausübten – von unserer Seite war das mit großem persönlichen Einsatz unser Ver-trauensmann Eberhard Becker –, verdienen unseren besonderen Dank.

Die Tagungen waren nur Höhepunkte. Zu ihnen gehörten auch die Bezirkstagungen, zu denen die Sachsen in Scheibenberg oder im Kurort Rathen, die Thüringer in Neudietendorf, die im Norden in Woltersdorf und an anderen Orten zusammenkamen. Die neuen Strukturen waren auch hier prägend. Oft wurde fast jeder Teilnehmer mit in die Verantwortung für den Verlauf der Tagung einbezogen. Dankbar erinnern wir uns, wie viel Segen dadurch der einzelne Bruder und die einzelne Schwester empfangen hat.

Von und mit Schnepel haben wir den Segen unserer gemeinsamen Bibellese und Gebetsgemeinschaft erfahren. Ohne sie fand keine Zusammenkunft statt. Hier schlug das Herz der PGB.

Der bruderschaftliche »Alltag« freilich wurde in den Kleinkreisen gelebt, den »lebendigen kleinsten Zellen der Bruderschaft«, die uns Erich Schnepel so ans Herz gelegt hat. Von ihm und mit ihm haben wir den Segen unserer gemeinsa-

46

men Bibellese und Gebetsgemeinschaft erfahren. Ohne sie fand keine Zusammenkunft statt. Hier schlug das Herz der PGB.

Die zahlenmäßige Entwicklung verlief wohl eher rückläufig. Im Oktober 1991 umfassten die Ostbezirke 122 Mitglieder. Viele unter uns haben den Eindruck, dass andere Gruppierungen und Bruderschaften in unserer Kirche attraktiver sind und dass die PGB selbst überaltert ist. Sicher stimmt das. Gelegentlich wurde ironisch gefragt, ob man eigentlich erst Ruheständler sein müsse, ehe man in der PGB Mitglied werden könne. Andererseits gab es auch schon viele alte Brüder in der PGB, als ich selbst noch jung war, und ich denke dankbar an viel geistlichen Segen, den sie in wahrer Bruderliebe den Jüngeren weitergaben und der viele von uns geprägt hat.

Eine Zeit lang wurde das brüderliche Band in unserem Bereich durch einen Bruder in besonderer Weise gestärkt, der als Reisesekretär die Gemeinden unserer Brüder besuchte, dort Evangelisationen durchführte und zum Seelsorger für viele von uns geworden ist: Johann Meyer aus Zeuthen. Ein Nachfolger für diesen so wichtigen und segensreichen Dienst hat sich leider nicht gefunden.

Zwei besondere Aufgaben machten uns Brüder aus dem Westen besonders wichtig: die eigene theologische Arbeit und den Dienst an den Theologiestudenten.

Zwei besondere Aufgaben machten uns Brüder aus dem Westen besonders wichtig: die eigene theologische Arbeit und den Dienst an den Theologiestudenten. Es gab ernste Bemühungen, diesen Aufgaben gerecht zu werden. Die Arbeit an den Theologiestudenten wurde über viele Jahre mit viel Hingabe durch einige Brüder wie Horst Mühlmann, Johannes Glaß, Friedrich Möller und Hermann Plötner in Ferienwochenenden durchgeführt.

Schon in den sechziger Jahren legte uns ein Bruder immer wieder unsere Verantwortung für die Witwen unserer heimgegangenen Brüder auf die Seele. Wir haben sie seit Jahren ganz mit in unsere Bruderschaft einbezogen, ebenso wie die Ehefrauen unserer Brüder. Ohne sie wären wir auf unseren Tagungen arm dran, und nicht nur dort. Es scheint an der Zeit, sie auch in die

Zusammenkünfte unserer Kleinkreise mit einzubeziehen.

Was uns als »unerledigte Aufgabe« vor Augen steht und so in die neugewonnene äußere Einheit von uns mit eingebracht wird, scheint mir vor allem zweierlei zu sein: Einmal ist das die gesamt-kirchliche Verantwortung. Mit Erstaunen haben viele von uns gemerkt, dass das auch schon ein Anliegen von Ludwig Thimme war. Warum sind wir so zurückhaltend? Unsere Bischöfe und Kirchenleitungen ebenso wie unsere Pfarrkonvente brauchen unsere Fürbitte, aber auch unseren Rat und unsere Mitarbeit. Die PGB darf kein »Geheimbund« bleiben!

Die andere Aufgabe hängt eng damit zusammen: unsere Verantwortung für die Brüder und Schwestern im Pfarramt. Es gilt gewiss noch heute und bleibt eine unerledigte Aufgabe, die Gerhard Klötzner 1960 einmal so formuliert hat:

»1. Tägliche Fürbitte für die Nachbarpfarrer. Wir bitten, dass Jesus uns Wege zu ihrem Herzen zeigt.

2. Die Liebe zum Bruder erbitten.

3. Das Gespräch mit dem Bruder suchen.

4. Seinen Geburtstag, Trautag, Ordinationstag notieren und daran denken.

5. Die eigene Zugehörigkeit zur PGB nicht verheimlichen.

6. Den Bruder besuchen.

7. Den Bruder einladen zu unseren Tagungen und zum Kleinkreis.«

Das gilt selbstverständlich auch im Blick auf unsere Schwestern!

»Gedenke des ganzen Weges, den dich der HERR, dein Gott, geleitet hat diese vierzig Jahre« (Dt. 8,2).

Wir danken Gott von ganzem Herzen, dass er uns auf diesem Wege durch die Bruderschaft Stärkung und Hilfe gegeben hat, und wir vertrauen uns seiner Führung auch für den weiteren Weg an.

PFARRERINNEN-
UND PFARRER-
GEBETSBUND
PGB

Kein Termin unter vielen, sondern ein Magnet – PGB-Haupttagungen in Ostdeutschland

Eberhard Becker

Von Rügen bis zur Rhön freuten sich schon lange vorher viele Ehepaare auf das Treffen mit bekannten und neuen Gesichtern. Jahr für Jahr trafen wir uns; nie ist eine Haupttagung ausgefallen. Auch wenn die einzelnen Bezirke ihre eigenen Treffen hatten: Unsere Haupttagung hatte ihren Namen zu Recht! So sehr wir uns an den einzelnen Kontakten mit den Geschwistern aus dem Westen auch gefreut haben, so sind wir doch nicht von ihnen bestimmt worden; wir gingen einen eigenen Weg. So formulierten wir auch unsere »Lebenslinien« selbst.

So sehr wir uns an den einzelnen Kontakten mit den Geschwistern aus dem Westen auch gefreut haben, so sind wir doch nicht von ihnen bestimmt worden; wir gingen einen eigenen Weg. So formulierten wir auch unsere »Lebenslinien« selbst.

Wir vergessen nicht jenen Sonntag, 13. August 1961, als an der Grenze unseres Landes, buchstäblich die Straßen in den Dörfern und Städten, durchschnitten wurden. Aber uns lag weiter an persönlichen Verbindungen zur PGB »drüben«. Vielleicht hat die Stasi es fotografiert: Eberhard Becker fährt mit dem Motorrad von Gräbendorf bei Berlin in den Harz. Hinter ihm sitzt Hermann Risch als Sozius, der auf seinem Rücken noch ein Tonbandgerät tragen muss, weil die Vorträge ja aufgenommen werden sollten. Das Mutterhaus in Elbingerode war unser Ziel.

Elbingerode war jedes zweite Jahr der umbetete Ort für unsere Haupttagungen. Es war auch der beste Ort dafür. In den dazwischenliegenden Jahren gab es dann in Ost-Berlin, in der Stephanus-Stiftung in Weißensee, ein herzliches Begrüßen. In Berlin ließen die »Westdeutschen« als »Tagesgäste« an drei Tagen jeden Morgen und Abend die Grenzkontrollen über sich ergehen. Oft wiederholten wir Josefs Satz: »Ich suche meine Brüder!« –

Berlin bedeutete das Zusammensein mit Tagesgästen und der damit verbundenen politischen Spannung und Unruhe. Elbingerode dagegen, mitten im Wald gelegen, war Ort der Stille, vieler Gespräche und der Seelsorge.

Damit sind die beiden äußeren Kennzeichen unserer Haupttagungen deutlich geworden. Berlin bedeutete das Zusammensein mit Tagesgästen und der damit verbundenen politischen Spannung und Unruhe. Elbingerode dagegen, mitten im Wald gelegen, war Ort der Stille, vieler Gespräche und der Seelsorge.

Wir hatten jedes Mal ein straffes und konzentriertes Programm. Aber dennoch lag über den Tagen von Montag bis Freitag eine innere Ruhe, nicht selten Festtags-Stimmung. Wir kannten weder Stau noch Hektik! Denn jede Haupttagung wurde gründlich vorbereitet. Wir hielten es für lieblos und verantwortungslos, erst während der Anreise der Teilnehmer rasch noch über den Verlauf zu beraten. Wie es schon Ringulf Siegmund und Gerhard Klötzner (unsere Vertrauensmänner) getan hatten, so natürlich (seit 1981) auch Eberhard Becker zusammen mit den etwa sieben bis zehn Brüdern des Gesamtarbeitskreises. Viele Monate vorher waren wir für mehrere Tage (oft mit den Ehefrauen) an einen abgelegenen Ort gefahren. Hier hatten wir die Aufgaben und Schwierigkeiten unserer Bruderschaft durchgesprochen. Dabei hatte sich die alte Regel »Ora et labora!« – »Bete und arbeite!« als immer hilfreiches Prinzip erwiesen.

Ein besonderes Geschenk war es uns, wenn aus Westdeutschland anfangs z. B. Hermann Risch, Otto Rodenberg oder Theo Schnepel dazukamen. Wir haben nicht gezählt, wie oft vor und nach der Wende Johannes Eichler und andere Männer und Frauen der PGB unter uns waren, häufig während der Leipziger Messe.

Dort waren nie lauter Einzelne, sondern wir (oft weit über einhundert Namen) gehörten zusammen.

Im Gesamt-Arbeitskreis ist uns wirklich, wie in einer Mannschaft, eine Zusammenarbeit geschenkt worden. Dieses »Klima« fand während der Haupttagung dann seine Auswirkung: Dort waren nie lauter

*Haupttagung 1960 in Schwanenwerder mit Erich Schnepel,
Hermann Risch und William Nagenda*

Einzelne, sondern wir (oft weit über einhundert Namen) gehörten zusammen. Besucher nannten das dann »Bruderschaft« oder empfanden es »wie eine Familie«. Eine Freude waren uns immer öfter Gäste aus anderen östlichen »sozialistischen« Ländern, die dann auch von ihrer schwierigen Situation berichteten, sich aber nicht unterkriegen ließen. Übrigens ist es bei unseren Haupttagungen nie zu politischen Zwischenfällen oder »Zugriffen« gekommen.

Bei der Suche nach dem richtigen Tagungsthema haben wir uns immer wieder viel Mühe gegeben. Unsere Themen waren eine bunte Vielfalt und wollten der aktuellen Gemeindearbeit grundsätzliche und praktische Hilfen geben. Wie ein roter Faden zog sich durch unsere Tagungen, dass unser Werner de Boor uns in seinen konzentrierten Bibelarbeiten immer wieder den Herzschlag, die »zentrale Verkündigung«, lieb machte. Hier wurden ans Gewissen gehende Grundlagen sowohl für das persönliche als auch für das Gemeindeleben vermittelt. Bibelarbeiten und Vorträge wurden mitgeschrieben oder auf Tonband aufgezeichnet.

Aber wichtiger als das waren das Gespräch miteinander und die Seelsorge untereinander.

Unsere Haupttagungen dauerten jeweils von Montag bis Freitag. Selbstverständlich waren immer auch die Ehefrauen dazu eingeladen. Wichtige Tagungspunkte waren die Gebetsgemeinschaften vor dem Frühstück, der Bruderschaftsabend, an dem auch neue Geschwister Aufnahme in die Bruderschaft fanden, ein Abend mit der Hausgemeinde und die Abendmahlsfeier am letzten Abend. Werner de Boor lehrte uns auch das Abschiednehmen am Schluss der Tage: Alle bildeten einen großen Kreis. Einer verabschiedete sich von dem, der neben ihm stand, und ging zum nächsten. Derweil folgte ihm sein Nachbar und tat dasselbe. So wurde keiner übersehen.

Vor dem Zweiten Weltkrieg hießen die großen Treffen des PGB »Reichstagungen«, von denen man sich seinerzeit erhoffte, dass sie eine »kirchengeschichtliche Wende« bewirken möchten. Wir haben später im Osten zwar kleinere Brötchen gebacken. Aber dass wohl jede Haupttagung eine nachhaltige Wirkung vor Ort zur Folge hatte, wird so mancher bezeugen.

So schreibt Dieter Schütt, Vertrauensmann unseres Bezirkes Nordost, der über lange Zeit Gefängnispfarrer in der DDR gewesen ist: »Über meine Erfahrungen und Erlebnisse in den Haftanstalten durfte ich zu keinem ein Wort sagen. Es war für mich eine Zeit der ungeheuren Einsamkeit. Da waren die Haupttagungen damals in Elbingerode und in Berlin für mich ein Stück Himmel auf Erden! Meint ihr, ich übertreibe? Wo wäre ich geblieben ohne die Fürbitte der Schwestern und Brüder, ohne die Seelsorge und Beichte während der Tagungen, ohne die brüderliche Umarmung, ohne den Gleichklang im Glauben an den Herrn Jesus?! Wie viel bedeuteten mir dann die Treffen mit den Schwestern und Brüdern aus dem Westen mit ihrer ganz anderen Geschichte und Sozialisation! Uns umschlossen Arme, die nicht von dieser Welt waren. Versteht bitte: Die jetzigen Haupttagungen sind für mich nicht mehr solche Höhepunkte. Aber mein Glaube lebt ein großes Stück von der Pfarrer-Gebets-Bruderschaft.«

Uns umschlossen Arme, die nicht von dieser Welt waren.

52

Arbeit an Theologiestudierenden in der DDR

Hermann Plötner

Der Beginn unserer Seminare fällt nach meiner Kenntnis in das Jahr 1970. Im Frühjahr 1971 wurde ich zum ersten Mal als Referent eingeladen und lernte diese Arbeit kennen.

Es handelte sich dabei um Wochenendseminare, von Donnerstagabend bis Sonntagmittag. Problematisch war des öfteren die Freistellung der Studenten von Seminarveranstaltungen am Freitag, so dass etliche erst am Abend anreisen konnten. Die Seminare fanden jährlich zweimal statt, im Frühjahr und im Herbst, letztmals im Herbst 1989.

Sie sind aus der Gnadauer Studentenarbeit hervorgegangen. Parallel hierzu hielt die PGB unter Leitung von Horst Mühlmann aus Leipzig Seminare für Theologiestudenten ab. In den 70er Jahren gab es zwischen beiden Arbeiten zeitweilig Spannungen. Als Eberhard Becker Vertrauensmann des Gesamtarbeitskreises (GAK) der PGB-Ost wurde, schlossen sich beide Arbeiten zusammen und führten die Seminare gemeinsam in Falkenberg (Mark) durch. Eberhard Becker hat jahrelang engagiert in der Gnadauer Studentenarbeit mitgearbeitet und zahlreiche Rüstzeiten geleitet oder dort referiert.

Seit Ende der 40er Jahre gab es eine Gnadauer Studentenarbeit, die mit unterschiedlicher Intensität durchgeführt wurde. Ende der 60er Jahre wuchs das Interesse erneut an den jährlich in Woltersdorf bei Erkner stattfindenden Sommerrüsten für Studenten aller Fachrichtungen, an denen auch zunehmend Theologen teilnahmen und dort ihre Probleme diskutierten. Auf Vorschlag von Oberkirchenrat Werner de Boor sollte deshalb ein besonderer Arbeitszweig für Theologiestudenten nach dem Vorbild des DCSV gegründet werden. Uwe Holmer wurde gebeten, dies in Falkenberg zu versuchen.

Damit waren drei prägende Akzente für diese Arbeit gesetzt: Sie war Teil der allgemeinen Studentenarbeit. Sie hatte von Anfang an einen evangelistischen Akzent. Sie war sowohl lokal als auch in der Regel personell (durch Mitarbeit der Dozenten) an die Bibelschule Falkenberg gebunden.

Das Profil der Gnadauer Studentenarbeit ist aus dem Aufbruch unter den Studenten um 1970 hervorgegangen und gewachsen. Diese Arbeit gestaltete sich unter dem Dach Gnadaus als ein völlig eigenständiger Zweig, der sich selbst finanzierte, den Reisesekretär Hartmut Zopf bezahlte und sich eigene Strukturen und Ordnungen gab.

Der überregionale Charakter dieser Studentenarbeit zeigte sich darin, dass es nur einen Studentenkreis gab, in Karl-Marx-Stadt/Chemnitz. Ansonsten gehörten die Studenten zu den Gemeinschaftsjugendkreisen, an deren Gestaltung sie sich aktiv beteiligten. Insofern bestand von Seiten des Studentendienstes ein klares und positives Verhältnis zu Gnadau, was sich auch daran zeigt, dass heute etliche ehemalige Studenten in leitenden Stellungen der Gemeinschaftsarbeit tätig sind.

Offiziell hieß die Studentenarbeit in Gnadau Jugenddienst. Diese Arbeit wurde von einem Engeren Mitarbeiterkreis geleitet, an dem seit 1980 der Verantwortliche des Jugenddienstes des Evangelisch-kirchlichen Gnadauer Gemeinschaftswerkes in der DDR teilnahm; ansonsten bestand dieser Leitungskreis aus Studenten und ehemaligen Studenten. Es wurden während des Sommers Studenten- und Akademikerrüsten durchgeführt, regional auch Wochenendrüsten. Hinzu kam die Arbeit an Theologiestudenten und Medizinern. Jährlich trafen sich alle Mitarbeiter zu einem zentralen Treffen in Woltersdorf (ca. 100 Teilnehmer), bei dem die Mitarbeiter der verschiedenen Rüstzeiten eine gemeinsame Zurüstung erfuhren.

Alle Arbeitszweige des Gnadauer Studentendienstes waren evangelistisch ausgerichtet. Deshalb gehörten zu den Theologen-Wochenenden neben Fachvorträgen immer auch erwecklich ausgerichtete Bibelarbeiten, die nicht immer von den Studenten akzeptiert wurden. Es gab in den Aussprachen danach manchmal heftige Diskussionen.

Neben der evangelistischen Ausrichtung spielte die Seelsorge eine Rolle, besonders bei den Seminaren, an denen Klaus Richter teilnahm. Die Bindung an die Bibelschule Falkenberg unterstrich noch einmal die evangelistisch-missionarische Ausrichtung der Arbeit. Nachdem Richter die Leitung abgegeben hatte, übernahm sie Friedrich-Karl Lander und nach dessen Erkrankung Reinhard Holmer.

Gab es in den 70er Jahren oft theologische Auseinandersetzungen bei den Diskussionen, so verschob sich dieses Bild in den 80er Jahren zugunsten einer vergleichsweise »zahmen« Teilnehmerschaft. Sie suchte die Gemeinschaft und persönlichen Austausch. Seelsorgerliche und sozialethische Fragestellungen traten nun deutlich in den Vordergrund.

Während des mehr als zwanzigjährigen Bestehens der Seminare wurden eine Reihe unterschiedlicher Themen behandelt. Zu Beginn der Arbeit standen eindeutig hermeneutische Fragen im Mittelpunkt. Diese Thematik hat sich eigentlich, wenn auch in späteren Jahren abgeschwächt, bis zuletzt durchgehalten. Daneben wurden ethische, sozialethische und sexualethische Themen behandelt. Des öfteren standen seelsorgerliche Themen auf dem Plan, die besonders die Praxis mit Einschluss des wissenschaftlichen Arbeitens beleuchteten. Gelegentlich wurde auch einmal ein historisch-systematisches Thema angegangen. Politische Themen spielten keine Rolle.

Unsere Wochenendseminare waren keine Ferienseminare. In den 70er Jahren hatte es sich mehrfach gezeigt, dass Wochenenden für eine Klärung theologischer Fragen nicht ausreichten. Damals gab es Überlegungen, ob sich nicht, wie bei der PGB-West, verlängerte Seminare durchführen ließen. Ein zaghafter Versuch war eine Sommerrüstzeit in Rathen 1975, die uns von ihrem Verlauf her nicht ermutigte, diesen Weg fortzusetzen. Wir hatten für eine solche Aufgabe nicht genügend geeignete Referenten.

Unsere Seminare waren anders angelegt als die Ferienseminare der PGB. Das hing einmal mit dem besonderen geschichtlichen Ort der Entstehung dieser Arbeit und der damit verbundenen Zielsetzung sowie der Struktur der Gesamtarbeit zusammen. Zum anderen war die geistige Situation an den Universitäten der DDR von der des Westens unterschiedlich. Die Kaderpolitik der SED hatte zur Folge, dass das Niveau an den Hochschulen auf vielen geistigen Ebenen auf eine Mittelmäßigkeit hinauslief. Von daher verspürten wir keine so starke Herausforderung durch bestimmte Fragestellungen, wie dies im Westen der Fall gewesen ist. Wir empfingen diese Fragen in der Regel aus zweiter Hand, und dies meist auch noch mit entsprechenden Kommentaren versehen. Dazu kam die teilweise schwierige Beschaffung von theologischer Literatur (es gab noch keine Kopiergeräte!) und auch die erschwerten Reisebedingungen für Professoren, die als Referenten kommen wollten. So war das Profil unserer Arbeit anders akzentuiert, die geistige Gesamtlage auf tieferem Niveau angesiedelt.

Aber es gab noch einen anderen Bereich, der die Akzentuierung unserer Seminare von der im Westen unterschied. Die geisteswissenschaftlichen Voraussetzungen unserer Studenten, insbesondere in den Fachgebieten Philosophie und Geschichte, machten es erforderlich, in diesen Bereichen notwendiges Wissen nachholend zu vermitteln und zu vertiefen. Themen aus diesen Fachgebieten waren in der Regel anziehend und einladend. Wissensvermittlung auf dem Gebiet der modernen Literatur wurde meist von den Evangelischen Studentengemeinden geleistet.

Am Schluss des Rückblicks will ich auch daran erinnern, dass diese Arbeit während ihres Bestehens Wandlungen durchgemacht hat. Die Faktoren zu diesen Veränderungen lagen vor allem darin, dass sich seit den 80er Jahren durch Reiseerleichterungen zahlreiche Begegnungen mit der SMD und IFES ergaben, die Kenntnis von anderen Strukturen und Inhalten vermittelten und dann teilweise zu Angleichungen führten. Dies bereitete dann auch den Weg in die SMD vor.

56

Vier Jahrzehnte theologischer Arbeit – Die Studierenden-Seminare im Westen

Helgo Lindner

Die Seminare der PGB waren eine Maßnahme in einer konkreten Notlage, und hier haben sie sich auch bewährt. Es zeigte sich aber, dass auch später, als die Entmythologisierung längst nicht mehr ein unmittelbar bedrängendes Problem war, die Antworten Bestand hatten, die die Seminare auf Grundfragen der Hermeneutik gaben. Der Hintergrund, vor dem die Ferienseminare antworten konnten, war die Wirklichkeit von Erweckung, in der die Bruderschaft ihre Wurzeln hat, und ein Lernen von Theologen an der Universität, die ebenfalls der Erweckung verpflichtet waren und die Situation nach dem Krieg und dem Bekenntniskampf in der Hitlerzeit als besondere Herausforderung und Verpflichtung empfanden.

Zu Anfang der 60er Jahre hatte die Theologie Rudolf Bultmanns an den Universitäten weithin den Sieg über die vom Bekenntnis geprägte und im Kirchenkampf erprobte Theologie Karl Barths (Barmen 1934!) davongetragen. Bultmann hatte die biblische Überlieferung nicht nur kritisch »auseinander genommen«, sondern auch inhaltlich durch eine philosophische Engführung getrieben, bei der alles um ein neues Selbstverständnis des Menschen ging. Historische Kritik und existentiales Denken mit dem Menschen im Mittelpunkt waren die Stoßkräfte dieser Theologie, die das Reden von Gottes Offenbarung, von seinem Handeln in Gericht und Gnade verdrängten bzw. eigenartig überlagerten. Das »mythische Weltbild« der Bibel sollte mit gutem Gewissen *ad acta* gelegt werden. Und »Entmythologisierung« war wesentlich nicht als ein Niederreißen gemeint, sondern als »existentiale Interpretation«, die dem modernen Menschen helfen sollte, die Bibel auf ihre eigentliche Botschaft hin zu befragen. Endlich »wissenschaftlich redlich« und doch gleichzeitig gläubig! Glauben ohne

> **Das »mythische Weltbild« der Bibel sollte mit gutem Gewissen ad acta gelegt werden.**

Erich Schnepel zu Besuch beim Ferienseminar

sacrificium intellectus! Das war der Entwurf, mit dem eine theologische Jugend aufbrach, um Leben in der Kirche zu gestalten. In der Unsicherheit der Kirche damals war es Otto Michel, Neutestamentler in Tübingen, der dies Programm als verhängnisvoll erkannte und sich zu einem eindeutigen Nein durchrang. Aufgrund seines eigenen Weges im lutherischen Pietismus, der Hallenser Tradition von Kähler und Schniewind, konnte er eine Alternative aufzeigen, die die Menschen nicht auf ein (wie immer definiertes) Kerygma, sondern auf die Bibel selber verpflichtete.

> **In der Unsicherheit der Kirche damals war es Otto Michel, Neutestamentler in Tübingen, der dies Programm als verhängnisvoll erkannte und sich zu einem eindeutigen Nein durchrang.**

Die PGB hatte bereits in den 50er Jahren durch Erich Schnepel die Verantwortung für die nachwachsende Theologengeneration gesehen und Wochenendrüstzeiten in Großalmerode angeboten, mit vorwiegend seelsorgerlicher und missionarischer Ausrichtung. Hinzu kam ein theologischer Arbeitskreis, der sich verschiedentlich bei Otto Rodenberg in Rengshausen traf. Rodenberg hatte selbst bei Bultmann studiert und war seiner Theologie gefolgt, hatte dann aber in der Seelsorge erfahren, wie die Wirklichkeit des gegenwärtigen Jesus seinem Leben eine bisher ungeahnte Befreiung eröffnete. Sein Aufsatz »Die existentiale Interpretation« in der Brüderlichen Handreichung (Nr. 26) vom Dezember 1961 hatte einen durchschlagenden Erfolg bei vielen Pfarrern und Studenten und musste mehrere Male nachgedruckt werden. Seine persönliche Erkenntnis kann er dort (S. 21) mit dem Satz umschreiben: »Es geht um nicht weniger als um Errettung aus unheimlicher Vernebelung.«

Aber schon früher, spätestens im Winter 1960/61, war es zu einer fruchtbaren Begegnung von Erich Schnepel mit Otto Michel gekommen. Man konnte sich gegenseitig Hilfe anbieten: der eine mit einer bibelgebundenen Theologie, der andere mit der Infrastruktur von Tagungen in entsprechenden Häusern außerhalb der Universität – und Pfarrern, die mit Theologiestudenten arbeiten konnten.

Hermann Risch hat hier als Reisesekretär den Anfang gemacht. Er lud ein zu der Tagung in Marburg-Wehrda, bei der dann die Ferienseminare beschlossen wurden. Er lud nicht nur interessierte Lehrer und bekannte Persönlichkeiten aus dem Raum des Pietismus ein – neben Michel etwa Hellmuth Frey aus Bethel, Hans-Heinz Damm von der SMD, Arnold Bittlinger –, sondern auch Studenten, die sich in SMD-Arbeitskreisen schon für eine »alternative« theologische Arbeit stark gemacht hatten. So bekam ich auch die Einladung (und das Geld für die Fahrkarte!), um im Frühjahr 1961 von meinem Studienort Berlin nach Marburg zu fahren. Nach sehr ernsten und gehaltvollen Vorträgen von Hellmuth Frey (AT), Otto Michel (NT) und Erich Beyreuther (KG) kam es zu einer intensiven Aussprache, an deren Ende schließlich Schnepel die Richtung vorgab mit seinem Vorschlag, bereits im Herbst mit einem Seminar zu beginnen. Die Aufbruchstimmung damals ist mir in lebendiger Erinnerung geblieben, und sie war kein Strohfeuer!

So kam es 1961 zur Gründung der »Ferienseminare für Theologiestudenten«, die in vier Jahrzehnten eine studienbegleitende Arbeit an Theologen taten. Das erste Seminar war in Seeheim-Jugenheim vom 16. bis 28. September 1961. Referenten waren Otto Michel und Erich Beyreuther; die Leitung hatte Hermann Risch.

Viele junge Theologen erfuhren die Seminare als einen Brückenschlag zwischen Universitätstheologie und Gemeindefrömmigkeit. Die Aufgabe war aber nicht dadurch zu lösen, dass man die kritische Exegese durch eine fromme Anwendung in Predigt oder Andacht ergänzte. Die Spaltung blieb und zerstörte die Existenz des Christen, wie dies seit der Aufklärung immer wieder geschehen ist, nach dem Motto F. H. Jacobis: »Mit dem Kopf ein Heide und mit dem Herzen ein Christ.« In der Praxis wurde man entweder liberal oder aber vernunftfeindlich, wobei in beiden Fällen der Bruch zwischen den beiden Bereichen bestätigt wurde. Die durch Michel in den Bahnen seines Lehrers Schniewind aufgezeigte Lösung bestand darin, die Bibel als Gabe Gottes zu ehren und zu hören, und dies auch dort, wo sich die Bibel nicht als vollkommenes Buch oder irrtumslos erwies. Nicht der Dogmatiker hatte hier den Scherbenhaufen der Exegeten wieder zu einem sinnvollen Ganzen zusammenzuflicken, sondern bereits die Historie und die Aporien eines Textes wurden unter dem Vorzeichen der Inspiration, ja der »Verbalinspiration«, gesehen. Eine Arbeit, die grundsätzlich vom Wahrheitsgehalt der Texte ausgeht und nicht von einer weltanschaulich inspirierten Skepsis, ist auch als historisches Verfahren immer vorzuziehen. Mitsamt ihren Schwächen ist die Bibel bis in die kleinsten Einzelheiten Gottes inspiriertes Wort, und so wie sie ist, kann sie uns »weise machen zur Seligkeit« (2. Tim. 3,15). Hier wird nicht Gott nachträglich in einen Text hineininterpretiert, hier redet er u. U. im kleinsten Detail und will unser Hören. Michel war bereit, »jeden Weg mitzugehen, der uns die menschliche Seite der Schrift besser verstehen lehrt«, nicht aber »die Bibel von vornherein ehrfurchtslos zu behandeln« (1957, mündlich erinnert). Auch die Exegese ist nicht voraussetzungslos, sondern erfolgt, wenn sie nicht irregehen will, in einer letzten Gebundenheit. Jeder »Zwei-Felder-Wirtschaft« ist im Ansatz zu widerstehen. Neben Schniewind, der sich besonders mit Bultmann und seinen Geschichtsbegriff auseinander setzte –

Ferienseminar mit Otto Michel

Otto Michel im Gespräch mit Studenten

Michel war bereit, »jeden Weg mitzugehen, der uns die menschliche Seite der Schrift besser verstehen lehrt«, nicht aber »die Bibel von vornherein ehrfurchtslos zu behandeln«.

hat Adolf Schlatter die Bibelauslegung in einer Weise betrieben, dass historische Bemühung und Wahrnehmung der Glaubensinhalte letztlich einer einzigen Wurzel entspringen, in der Wahrheit und Wirklichkeit eines sind. Michel widerstand insbesondere jeder Trennung von Form und Inhalt. Das von Bultmann als »erledigt« angesehene »mythische« Denken der Bibel – um Bultmanns Begrifflichkeit einmal aufzunehmen – war für ihn nicht eine zeitbedingte Form vergangener Welten, sondern hatte selbst teil an dem einzigartigen Reden, mit dem Gott uns erreicht und das wir nicht abstreifen dürfen (J. G. Hamanns »Kondeszendenz«). Von hier aus wurde auch die Bemühung um die »hebräische« Sprachgestalt der Bibel für die Ferienseminare ein wesentliches Thema.

Eine solche hermeneutische Konzeption hat uns alle, die wir uns in den Ferienseminaren einsetzten, verbunden. Die Schriftfrage ist auch als roter Faden durch die Jahrzehnte mit uns gegangen und hat fast bei jedem Seminar, gleich welches Oberthema vorgegeben war, immer wieder zu lebhaften Auseinandersetzungen mit den Studenten und zu fruchtbaren Lernprozessen geführt.

Otto Michel hat in seinem Erinnerungsbuch »Anpassung oder Widerstand« den Ferienseminaren der Pfarrergebetsbruderschaft ein eigenes Kapitel gewidmet. Er schreibt dort: »Ich erinnere mich, daß ich mich mit Otto Rodenberg vor allem in Rengshausen einer großen Übermacht entgegenstellen mußte und daß die Teilnehmer über die Tatsache, daß wir erstens die Entmythologisierung grundsätzlich ablehnten, zweitens den Wortlaut der biblischen Texte für verbindlich hielten, drittens die neutestamentlichen Schriften aus den alttestamentlichen erklären wollten, zunächst in große Verblüffung gerieten ...« (S. 118).

Der Weg der Seminare im Überblick

Hermann Risch als Reisesekretär der PGB führte die ersten Seminare durch, mit Michel, Beyreuther und Rodenberg als Referenten, auch Ratschow war schon dabei.

Nach dem Tode von Hermann Risch 1965 nahm Rodenberg die Seminare zu sich nach Rengshausen (südl. von Kassel, nahe bei Malsfeld), wo er die Pfarrstelle innehatte. Ein Seminar 1971 »Die Herausforderung des Marxismus« (mit Klaus Bockmühl) – gleichzeitig Rodenbergs letztes Seminar – zeigte an, dass man sich auf den Umbruch der 68er Bewegung einzustellen hatte.

In den 70er Jahren kamen die Seminare unter der Leitung von Helmut Burkhardt nach Dautphetal-Holzhausen (»am Hünstein«) in die Gemeinde des PGB-Pfarrers Hans-Wilhelm Stein, wo sie auch bis in die 90er Jahre ihren festen Ort hatten. Es war die bewegte Zeit, in der auch das Bengel-Haus in Tübingen seine Anfänge erlebte sowie weitere Studienhäuser und andere freie theologische Ausbildungsstätten gegründet wurden.

Von 1976 an hatte Hermann Hafner die Leitung, zunächst bis 1980. Ich selber war 1978 von Schleswig-Holstein aus auf die vakante Pfarrstelle Holzhausen gekommen, um als Ortspfarrer die Basis für die Seminare in Holzhausen zu sichern, und hatte in den Jahren 1981 und 1982 deren (inoffizielle und ehrenamtliche) Leitung. Hermann Hafner hat dann aber von 1988 bis 1992, als sich große Probleme in der Neubesetzung seiner Stelle auftaten, noch einmal das Heft in die Hand genommen, obwohl er in dieser seiner zweiten Zeit nicht mehr die Schriftleitung der Zeitschrift innehatte. (Die lag bei Martin Brändl, einem jungen Kandidaten, der daneben aber auch bei allen Seminaren bis 1998 als Mitarbeiter teilgenommen hatte.)

Von 1983 bis 1988 konnte erstmalig ein jüngerer Theologe diese Aufgabe übernehmen, der die Seminare schon als Teilnehmer kennen gelernt, aber nicht mehr zu dem Kreis um Rodenberg gehört hatte: Heinzpeter Hempelmann, der mit dem Amt eines theologischen Referenten die Leitung bis 1988 innehatte. Er hat auch die Zusammenarbeit mit dem Amt für missionarische Dienste in Württemberg in die Wege geleitet, das seitdem als Träger neben der/dem PGB in Erscheinung tritt.

*Ferienseminar 1989 mit Thomas Pola, Hermann Hafner
(von links, sitzend), Helgo Lindner (stehend)*

*Intensivseminar-Arbeitskreis 2000: Werner Neuer, Thomas Pola,
Helgo Lindner, Reiner Braun, Johannes Zimmermann,
Christian und Hanna Stettler*

Ohne vorherige Erfahrung mit dem PGB kam danach Heinz-Dieter Becker (bis 1998), während Reiner Braun (1999–2002) wiederum schon seit Studienzeiten mit den Seminaren vertraut und in die Verantwortung hineingewachsen war. Becker hat durch organisatorische Änderungen dazu beigetragen, dass die Seminare – zusammen mit der Zeitschrift – nach einem Tief in den Jahren 1991/92 wieder Tritt fassten. Hierher gehörte eine drastische Verkürzung auf drei Tage sowie der Abschied von Holzhausen und dem unmittelbaren Gemeindebezug. In der Folge hat das schöne und ehrwürdige Einkehrhaus der württembergischen Landeskirche, das Stift Urach, immer wieder als Seminarort gedient. Auch hier war und ist ein PGB-Pfarrer als Ortsgeistlicher tätig, der sowohl Otto Michel als auch die Ferienseminare noch aus seiner Studentenzeit kennt: Dekan Harald Klingler. Einen Höhepunkt in dieser Zeit – mit 82 Teilnehmenden – bildete das Herbstseminar 1998 mit dem Thema »Wer war Jesus von Nazareth wirklich?«, zu dem wir außer Referenten aus den eigenen Reihen (K. Haacker, Hp. Hempelmann, R. Riesner) auch die bekannten Neutestamentler Klaus Berger und Peter Stuhlmacher begrüßen konnten.

Unter der Leitung von Reiner Braun hat 2001 ein Seminar stattgefunden mit dem Thema: »Stell dir vor, es ist Gottesdienst, und alle gehen hin.« Die Teilnehmerzahl lag bei ca. 30. Mit einer Dauer von fünf Tagen versuchte Braun, die Mini-Struktur wieder etwas aufzubrechen. 2002 hat er, kurz vor seinem Übergang ins Gemeindepfarramt, ein Seminar mit Karl Heinz Michel vom Evangelischen Exerzitium im Kloster Volkenroda (Thüringen) ohne weitere Referenten angeboten, für das 12 Teilnehmende als Obergrenze vorgesehen und immerhin 10 gekommen waren. Das Lektüreseminar widmete sich Dietrich Bonhoeffers wichtiger Schrift »Gemeinsames Leben«, das nicht nur gelesen, sondern auch gelebt wurde. Die Rückmeldungen waren derart ermutigend, dass Michel und Braun eine Fortsetzung planen.

Die 1989/90 geschenkte deutsche Wiedervereinigung hat sich in der Arbeit der Studentenseminare bisher noch nicht recht vollzogen. Es ist zu hoffen, dass Volkenroda 2001 hier der Beginn einer weiterführenden Entwicklung ist.

Die Gestalt der gemeinsamen Arbeit

Hermann Risch selber führte neben den wissenschaftlich orientierten Seminaren auch Seminare mit praktisch-seelsorgerlicher Ausrichtung durch und knüpfte dabei an eine Tradition Erich Schnepels an, der in Großalmerode schon verschiedentlich derartige Wochenendfreizeiten abgehalten hatte. Eines dieser Seminare (Berlin, Frühjahr 1963) zählte sogar 67 Teilnehmer. Hier war Ernst Senf, ein Mann der Berliner Volksmission, als Referent beteiligt, und es gab praktische Anschauung durch Einblicke und Mitwirkung in der Gemeinde eines dortigen PGB-Bruders.

Durch Otto Rodenberg und seinen Kreis hatten die Seminare ihre klassische Gestalt bekommen: Zwei Seminare jährlich im Frühjahr und im Herbst von je zehn Tagen Dauer, Bindung an eine feste Kirchengemeinde, Unterbringung der Teilnehmer bei Gemeindegliedern, Beteiligung der Studenten an Hauskreisen, bei Kranken und Alten und Mitwirkung in einem Gottesdienst, so dass durch Berichte der Studenten auch die Gemeinde Anteil bekam an der Arbeit und an der Problematik der Universitätstheologie. Jeder Tag begann mit einer Bibellese in den Arbeitsgruppen, die mit Gebetsgemeinschaft schloss, bevor man zum Vormittagsreferat zusammenkam. Die Ausrichtung des Ganzen war aber eindeutig die theologisch-wissenschaftliche, und es hat sich ergeben, dass in der Folge immer wieder (praktische) Pfarrerseminare neben den Ferienseminaren durchgeführt wurden. Der Arbeitsstil war – im Unterschied zur sonst gewohnten Abfolge von Referat und Aussprache (im Plenum) – schon früh durch das Element der Gruppenarbeit bereichert worden, bei der schon erfahrene Teilnehmer leiteten und in Verantwortung hineinwuchsen. Besonders Hermann Hafner hat die Technik des Miteinanders verfeinert. Es kamen auch Studenten zu einem Vorbereitungstreffen zwei Tage vor Beginn des Seminars, um die Zielsetzung und die Aufgabenver-

> **Die Ausrichtung des Ganzen war aber eindeutig die theologisch-wissenschaftliche, und es hat sich ergeben, dass in der Folge immer wieder (praktische) Pfarrerseminare neben den Ferienseminaren durchgeführt wurden.**

teilung zu klären. Später wurde ein regelrechter Ferienseminar-Arbeitskreis mit Beteiligung von Studenten und Pfarrern ins Leben gerufen, der zwischen den Seminaren tagte und die Planung besprach, der zudem auch während des Seminars Besprechungen über den Verlauf durchführte. Auch für Otto Michel waren alle diese Arbeitsbesprechungen immer wieder so wichtig, dass er sich die Teilnahme nicht nehmen ließ. Seine oft wiederholte Frage an uns war: »Was *wollt* ihr mit dem Seminar?« Daran hatte sich alles andere zu orientieren. Aber gerade auch das Gemeinschaftserleben dieser Zeit ist prägend geworden, in dem Studentinnen und Studenten in einer sehr offenen und frohen Gemeinschaft ihr Bestes gaben.

Als in den 70er Jahren zunehmend auch Studenten zu uns kamen, die nicht im Pietismus beheimatet waren, gab es bei ihnen manchmal ein Erstaunen darüber, dass auch die Pietisten Theologie treiben konnten, ja, die Anforderungen an Geist und Leib gingen oft über das hinaus, was man von der Uni gewohnt war!

Diese anspruchsvolle Form ließ sich nicht bzw. nicht immer durchhalten, auch wenn zeitweise »Spitzen« erreicht wurden: so mit den 128 Teilnehmern des Seminars »Mann und Frau«. Versuche mit kürzeren Tagungen in den späteren 80er Jahren und dann eine schrittweise Verkürzung in den 90er Jahren waren die schmerzliche Folge einer gesunkenen Nachfrage bei Studenten, die immer mehr mit dem steigenden Termindruck leben mussten. 1996 konnte wegen mangelnder Nachfrage keine Tagung durchgeführt werden. Von 1997 an wurde aufgrund dieser Entwicklung jährlich nur noch ein Seminar durchgeführt.

Leiter, Referenten, Mitarbeitende

Die Leitung lag in der Regel bei einer hauptamtlichen Kraft der PGB, die (von Rodenberg an) auch die theologische und redaktionelle Arbeit an der Zeitschrift in der Hand hatte. Bei der Planung und Durchführung war aber von Anfang an ein Team aus Pfarrern und Studenten sehr wichtig. Die theologische Ausrichtung war durch Otto Michel bestimmt, der über drei Jahrzehnte, auch über seine Emeritierung (1972) hinaus, hier seine besondere

Aufgabe gesehen hat. Es kamen andere Lehrer von den Universitäten hinzu, von Anfang an Erich Beyreuther, bald Carl Heinz Ratschow, Martin Wittenberg, Erhard Kamlah, Klaus Bockmühl, Heinrich Leipold, Gerhard Ruhbach, Horst Georg Pöhlmann, Otto Betz, Rainer Mayer, Peter Stuhlmacher und Oswald Bayer. Mit Klaus Haacker, Siegfried Kreuzer, Rainer Riesner und Thomas Pola hatten wir dann akademischen Nachwuchs aus dem eigenen Bereich, wozu auch weitere theologische Lehrer wie Hermann Hafner, Heinzpeter Hempelmann, Karl-Heinz Michel und Wolfgang Bittner zählten. In der »Zeit nach Michel« kamen und kommen eine ganze Reihe von Mitarbeitern (Assistenten, Doktoranden) aus Tübingen und Umgebung, wo eine bewusst an der Bibel orientierte Theologie (Hengel, Gese, Stuhlmacher und auch das Bengel-Haus) das theologische Arbeiten geprägt hat. Ohne Tübingen als Bezugspunkt wären die Seminare bis heute kaum vorstellbar. Dies hat sich durch die Verlegung nach Bad Urach noch einmal wieder verstärkt.

Die Leiter und »ihre« Themen

Hermann Risch war durch und durch Praktiker, von persönlicher Lauterkeit und seelsorgerlicher Demut und Wärme geprägt. Heute würde man ihn zu den »Charismatikern« rechnen. Corrie ten Boom und William Nagenda, überhaupt Uganda und die Erweckung lagen ihm am Herzen. Er hat den angenehmen Rahmen, die Atmosphäre des Gebets für die Seminare geboten, und es ist kein Zufall, dass zu seiner Zeit zwei praktisch-theologische Seminare gehalten wurden: in Oberweimar bei Marburg und in Berlin.

Oft wunderte man sich nach einer mitreißenden Predigt, wo und wann die denn bei dem rastlosen Tun dieses Mannes entstanden war.

Otto Rodenberg war tatkräftig und immer voller Energie, und er konnte andere inspirieren. Er hatte große Gaben im Erfassen komplexer Zusammenhänge und in der Darbietung. Oft wunderte man sich nach einer mitreißenden Predigt, wo und wann die denn bei dem rastlosen Tun dieses Mannes entstanden war. (Einmal verriet er es uns: »Auf dem Klo«!) Er kam zunächst von Karl Barth her, fand dann aber in den Fragen der Kritik und der historischen Fragestellung bald zu Otto Michel, mit dem ihn eine jahrelange Freundschaft verband. Er sah die Notwendigkeit, die Gemeinde durch gesunde Lehre für den Geisteskampf der Gegenwart zuzurüsten. Das Alte Testament kam neu in den Blick (K. H. Miskottes »alttestamentlicher Überschuss«), das lange unterdrückte jüdische Erbe unserer Kultur. Bleibendes hat er zu Fragen von Gesetz und Evangelium weitergeben können, auch für die Predigt: dass wir z. B. unterscheiden lernten zwischen Gesetz (als Indikativ!) und dem Imperativ der Ermahnung. Er hielt »Lehr-Evangelisationen« und warb für einen Weg, der weiter ging als bloß zu einer Entscheidung für Jesus (vgl. seine Schrift »Pietismus – quo vadis?«). Als Führer der Bekennt-nisbewegung Kurhessen-Waldeck vertrat er eine eigene Spielart gegenüber der Bundesleitung, indem er die Auslegung an den Universitäten nicht ablehnte, sondern in ein Gespräch eintrat, das den Reichtum der Bibel öffnen konnte. Sein Buch »Um die Wahrheit der Heiligen Schrift« (1962, später weitere Auflagen) liest sich in vielem wie ein Kompendium der Grundüberzeugungen, die uns in den Ferienseminaren bestimmten.

Neben Rodenberg ist der Kreis seiner (damals) jüngeren Freunde zu nennen, die die Arbeit weitertrugen: Helmut Burkhardt, Hermann Hafner und auch ich selber. Sie waren noch im Krieg geboren und die unmittelbaren Erben der Kriegsgeneration und der Bekennenden Kirche, aber auch durch die Aufbrüche geprägt, aus denen etwa die SMD lebte. Burkhardt kam von Capernwray her, arbeitete zeitlebens an Themen wie Bekehrung und Wiedergeburt, Schriftinspiration (Dissertation über Philo!), die Zuverlässigkeit der Evangelien und ethische Fragen. Er hat Prof. Birger Gerhardsson aus Schweden zu einem Seminar geholt und entwickelte eine enge Beziehung zu Klaus Bockmühl, dessen theologisches Erbe er – neben seinen Aufgaben in St. Chrischona – zusammen mit anderen sorgfältig betreut.

Hafner hat wegen seiner theologischen Arbeit bewusst aufs Pfarramt verzichtet. Er ist intensiv durch Adolf Schlatter geschult und hat in der SMD-Akademikerarbeit immer wieder Beiträge zum Verhältnis zwischen Theologie und Naturwissenschaft geliefert.

Die Wahrheitsfrage hat er auch in unseren Seminaren konsequent zum Zuge gebracht und Widerstand geleistet, wo sie nach seiner Sicht zu früh aufgegeben wurde. Die von ihm eingebrachten Themen der Seminare hatten neben unseren klassischen hermeneutischen und biblischen Fragen auch etwa mit der Psychotherapie zu tun, mit Mann und Frau, Politik, Gottesbeweisen oder Computertechnik.

Mit Hempelmann verstärkte sich auf den Seminaren die philosophische und hermeneutische Thematik, wobei er vor allem selbständig an J. G. Hamann anknüpfen konnte. Die sprachphilosophische Seite einer Hermeneutik, die von Schlatter und Hamann herkam, ist durch ihn bleibend in das Stammbuch der Ferienseminare eingetragen worden.

Mit Becker und Braun bekamen wir dann eine noch jüngere Generation in die Leitung, die von einem missionarischen Anliegen erfüllt ist und dies Anliegen auch in einer gelingenden Öffentlichkeitsarbeit und den dazugehörigen Methoden »verpackt«. Braun ist dabei Kirchengeschichtler, der sich immer wieder mit Liebe einzelnen Personen und Phänomenen des Pietismus zugewandt hat.

Theologische Ausrichtung

Bei der herausragenden Stellung des Lehrers Otto Michel kann man fragen, ob es sich hier um eine eigene Michel-Schule handelt, die da herangezogen bzw. aufgebaut worden ist. Vielleicht ist das sogar zutreffend. Aber weder ist eine entsprechende Michel-Theologie jemals als grundsätzliche Orientierung für die Seminare aufgestellt worden, noch würden die genannten Mitarbeiter sich ohne weiteres auf eine solche einigen. Es ist auch keine »Glaubensbasis« oder Lehrgrundlage da, an der man einzelne Referenten messen könnte. Referenten wie Beyreuther, Ratschow, Bockmühl, Flückiger waren ohnehin nicht einfach Michel-Schüler. Und doch zerfließt nicht alles in Beliebigkeit! Es waren und sind vielmehr verbindliche Wege miteinander und mit den uns anvertrauten Studenten, die Gemeinsamkeiten geschaffen haben und gemeinsamen weiteren Einsatz möglich machen. Wo andere meinen, sie müssten ihre Grundsätze auf den Tisch legen oder sich auf gemeinsame Thesen einigen, da liegt in unserem Kreis immer wieder das Entscheidende an der Gemeinschaft des Weges, und wir meinen, dass wir damit einer guten biblischen Vorgabe folgen: »die des Weges sind« (z. B. Apg. 9,2). Dieser Weg hat allerdings mit Michel und Rodenberg zu tun, mit Entscheidungen, die auf dem Weg mit ihnen getroffen wurden, mit unseren Anfechtungen und Fragen, die ihrerseits vor Weggabelungen stehen, wo auch nicht jeder dieselbe Entscheidung trifft. Kähler und Schlatter, Schniewind, Hamann, ja, Bonhoeffer und Iwand sind ja nicht ehrwürdige Gestalten einer sakrosankten Vergangenheit, sondern Zeugen von getroffenen Entscheidungen auf dem Wege. Und jedes Mal ist zu beobachten, wie die Vorläufer oder auch »Väter« sich ihrerseits auf Paulus und Jesus und Jeremia und Mose bezogen haben. Dabei entsteht durchaus Verbindlichkeit.

In der Bibelfrage setzen die Seminare nicht ein mit dem Kampf gegen die historische Kritik, als sei hier das Hauptübel zu fassen. Hier ist etwa Schniewinds Offenheit für die Arbeit kritischer Theologen zu nennen, auch sein Ausspruch über die liberalen Theologen, die Wertvolleres (»Diamanten«) gefunden hätten als sie selber meinten (»Kieselsteine«). Der Einsatz liegt vielmehr bei der Wahrnehmung biblischen Denkens. Die Wachheit gegenüber Ideologien – auch einer historisch-kritischen – wurde immer wieder verbunden mit der Frage nach den der Bibel eigenen (»hebräischen«) Denk- und Sprachformen, die in der aus der Aufklärung hervorgegangenen Theologie verfehlt werden, die wir aber nicht ohne Schaden einfach preisgeben können, ja, die auch unsere historischen und exegetischen Methoden ihrerseits neu prägen können.

PGB und Freundeskreis

Von Anfang an hat die Bruderschaft die Ferienseminare organisatorisch und finanziell als ihre eigene Sache getragen, obwohl es auch zur Zeit Rodenbergs noch Stimmen gab, die sich stärker eine Beschränkung auf Seelsorge und bruderschaftliches Leben in einem engeren Sinne gewünscht hätten. Die Zuschüsse, die für

Übersicht: Theologische (Ferien- bzw. Intensiv-)Seminare im Lauf der Jahrzehnte (bis 2001)

Zeit (Anzahl)	(häufigste) Orte	Leiter und Dauer	Themengebiete (Beispiele)	(häufigste) Referenten	Teilnehmer-Zahlen
1961–1970 (16)	Bad Salzuflen, Schwäb. Gmünd u. a.; ab 1966 Rengshausen	H. Risch, ab 1966 O. Rodenberg (7-12 Tage)	Evangelien, Formgeschichte, Bibelfrage, Verkündigung (dazu u. a. zwei prakt. Seminare)	O. Michel (7), O. Rodenberg (6), M. Wittenberg und H. Burkhardt (je 3)	durchschnittlich 25-35
1971–1980 (20)	Rengshausen, ab 1972 Holzhausen	H. Burkhardt, ab 1976 H. Hafner (10 Tage)	Wahrheit der Bibel, Absolutheit des Christentums, Evangelium und Erneuerung, Mann und Frau, Psychotherapie	O. Michel (10), H. Burkhardt, H. Hafner (je 5), K. Bockmühl, K. Haacker (je 3)	meist über 50
1981–1990 (20)	Holzhausen	H. Lindner, 1983–88: Hp. Hempelmann, ab 1988: H. Hafner (7-10 Tage)	Hebräische Sprachgestalt der Bibel, Judentum, Kant und Hamann, Sühne	O. Michel, H. Lindner, Hp. Hempelmann (je 7)	meist um 30
1991–2000 (14)	Holzhausen, ab 1993 Bad Urach u. a.	H. Hafner, 93–98: H. D. Becker, 99–00: R. Braun (7 und weniger, ab 1993 3 Tage)	Sühne, Bibelübersetzung, interreligiöser Dialog, Gemeindeaufbau, Relevanz der Bibel, Israel u. Judenmission	Hp. Hempelmann (9), Th. Pola (7), H. Hafner (3)	meist unter 20, ab 1993: 30-40.
2001 (1)	Bad Urach	R. Braun	Neue Gottesdienstformen	Th. Pola, H.-J. Eckstein, J. Zimmermann, W. Schmückle	30

ein Seminar aufgebracht werden mussten, waren jeweils erhebliche, im Interesse einer nachwachsenden Theologenschaft aber sinnvolle Investitionen. Mit der Zeitschrift waren die Seminare durch ihren Schriftleiter verbunden. In unterschiedlicher Intensität haben immer wieder Themen und Beiträge der Seminare auch zu Aufsätzen in der Zeitschrift geführt.

Eine verborgene »Trägerschaft« der Seminare ist durch den Freundeskreis gegeben, der durch Gebet und Spenden die Arbeit begleitet hat und weiter begleitet. Die gute Übung, die Freunde auch über das Geschehen der Seminare auf dem Laufenden zu halten, ist leider nicht durchgängig beibehalten, jetzt aber wieder aufgenommen worden. Auch an dieser Stelle sei ein herzlicher Dank für alles verborgene Wirken ausgesprochen.

Unsere Seminare haben die theologische Landschaft gewiss nicht »umgekrempelt«. Sie sind auf dem Felde einer biblisch und bekenntnismäßig fundierten Theologie auch längst nicht mehr allein, man denke vor allem an die theologischen Studienhäuser seit den 70er Jahren. Wir dürfen aber auch in den Pfarrkonferenzen und in den Gemeinden, ja in Leitungsfunktionen immer wieder feststellen, dass da auch Theologen sind, die die Seminare aus eigenem Erleben in Erinnerung haben oder auch durch sie geprägt wurden. Manchmal stellte sich ja die Frage: Was hat die ganze Arbeit gebracht, auch z. B. für die Stabilisierung des PGB-Mitgliederbestandes? Im kirchlichen und insbesondere im bruderschaftlichen Bereich ist die Gegenfrage zu stellen: Wie sähe es aus, wenn es die Seminare nicht gegeben hätte? Wenn wir aufmerksam sind, werden wir da manch einen Punkt zum Danken finden!

Das publizistische Engagement des PGB für Bruderschaft, Theologie und Kirche

Reiner Braun

Vorgeschichte

Die »Brüderliche Handreichung« (BH) war zunächst das Organ, in dem die PGB über ihre Aktivitäten berichtete, in dem Bibelarbeiten und hier und da auch grundlegende Beiträge – meist Vorträge bei PGB-Tagungen – erschienen.[50] Diese hatten hauptsächlich praktische Fragen zum Thema. Der Dezembernummer 1946 lagen erstmals die »Persönlichen Mitteilungen« (PM) mit Interna aus der Bruderschaft separat bei. Seit August 1961 sind die PM eine eigenständige Mitgliederzeitschrift, die bis heute unter diesem Titel erscheint.

Seit den 50er Jahren und erst recht in den 60er Jahren entfaltete die BH eine Wirkung über die Bruderschaft hinaus, v. a. mit den Beiträgen zur Entmythologisierung und zum Weg des Pietismus im 20. Jahrhundert. So beschloss der PGB-Vorstand bereits 1955 in Arnoldshain, Sonderdrucke von besonders aktuellen Beiträgen aus den BH herstellen zu lassen und an Interessierte zu versenden. Verantwortlich war Samuel Rothenberg, Pfarrer in Korbach.[51]

Die Ferienseminare (seit 1961), die Hochschullehrer und Studierende im Nachdenken über aktuelle theologische Fragestellungen zusammenführten, beeinflussten auch die theologische Arbeit der Bruderschaft und ihr Organ, die BH. Otto Rodenberg war nicht nur seit 1961 der Schriftleiter, sondern auch einer der wichtigsten Autoren. Die Folge 26 vom Dezember 1961, die allein seinen Beitrag »Die existentiale Interpretation« enthielt, hatte zunächst eine Auflage von 1 000 Exemplaren; es mussten aber 9 000 weitere nachgedruckt werden, so enorm war die Nachfrage. Ende der 60er Jahre hatte die BH eine Auflage von immerhin 4 000, freilich bei kostenloser Bezugsmöglichkeit!

1962 wandte sich Martin Hengel mit dem Vorschlag an Erich Schnepel, die BH »zu einer theologischen Zeitschrift« auszubauen, doch Otto Rodenberg antwortete ihm, dass die mit der BH vorhandenen Möglichkeiten zunächst einmal auszuschöpfen seien. Er sei aber dankbar für Hengels Unterstützung der BH. In seiner Antwort untermauerte Hengel sein Anliegen: »Nachdem die neoliberale, oder noch besser gesagt: rationalistische Theologie – denn darum handelt es sich, dass die freie Offenbarung Gottes durch die Schranken der menschlichen Ratio eingeschränkt werden soll – auf allen Fronten, besonders an den Universitäten, aber ebenso im Bereich der kirchlichen Unterweisung, in der kirchlichen Publizistik, in vielen Kirchenleitungen zum Angriff gegen die ihrer Ansicht nach überholte biblische Theologie vorgegangen ist, wird bei allen Christen, die an der Offenbarung Gottes im biblischen Wort im Vollsinne festhalten wollen, eine Klärung und Festigung des eigenen Standpunktes unumgänglich. Dies gilt besonders für Pfarrer und die Theologiestudenten, die an erster Stelle in dieser Auseinandersetzung der Geister stehen. Eine solche Klärung des eigenen Standpunktes ist aber nur durch vertiefte theologische Arbeit möglich. Das Anliegen des Pfarrergebetsbundes war bisher vorwiegend auf den gegenseitigen seelsorgerlichen Dienst unter den Pfarrbrüdern hin ausgerichtet. Der neue Einbruch des Ratio-

Es wird bei allen Christen, die an der Offenbarung Gottes im biblischen Wort im Vollsinne festhalten wollen, eine Klärung und Festigung des eigenen Standpunktes unumgänglich.

Brüderliche Handreichung

Herausgegeben von der Pfarrer-Gebetsbruderschaft (PGB)
innerhalb der Evangelischen Kirche in Deutschland

1956   Nr. 13

Johannes Busch

Nun ist er doch heimgegangen nach wochenlangem, schwerem Kampf, unser geliebter Bruder. Wir glaubten, der Herr habe unsere Gebete erhört und ihm nach der Amputation noch einmal das Leben neu geschenkt. Wir konnten es nicht begreifen, daß uns auch unser Johannes Busch noch genommen würde, nachdem sein treuer Fahrer, unser Bruder Unger, gleich bei dem Unfall selbst zu Tode kam. Wir können uns nur unter das Wort beugen: Herr, dein Weg ist heilig!

Was uns Bruder Busch gewesen ist, dem westdeutschen Jungmännerbund, der Jugend Westfalens als Landesjugendpfarrer und vieles andere mehr, das werden in diesen Wochen viele bedenken, bezeugen und beschreiben. Uns in der PGB war er ein Bruder, der wohl selten an unseren Zusammenkünften bei seiner übergroßen Beanspruchung teilnehmen konnte, aber der zu uns gehörte und es bei jeder Begegnung merken ließ, daß er betend und im gleichen Geist bei uns war. Als er aus dem letzten Krieg kam, sagte er: Nun wolle er sein Leben so teuer wie möglich verkaufen, nachdem Gott ihn aus tausend Gefahren gerettet habe. Das hat er in den elf Jahren getan in der einen Passion, Jesum, ihn allein, zu verkündigen.

Als er vor einigen Jahren Witwer wurde, stand sein Leben zwischen dem wachsenden Dienst und der großen Kinderschar daheim in der täglichen Spannung. Die Seinen danken es ihm, wie er ihnen bis zum letzten Abend vor der Nachtfahrt nach Trier der treue Vater gewesen ist. Die ihn aber hörten, wo immer er sprach auf Glaubenskonferenzen und Jugendevangelisationen, die spürten es diesem Bruder an: Sein Wort war deshalb so gegenwartsnah, weil er vom Heimweh nach der oberen Welt wußte.   Theodor Brandt

Hans Dannenbaum

Es wird uns alle sehr erschrecken, daß unser Hans Dannenbaum am 1. Mai nach einem schweren Krankenlager von fast zwei Monaten heimgerufen worden ist. Er hat sich von dem schweren Schlaganfall, den er im März erlitt, nicht wieder erholen können. Das ist für die Gemeinde des Herrn Jesu und für unsere Bruderschaft ein schwerer Verlust.

Ich selbst verliere in ihm einen treuen Weggenossen, mit dem ich 36 Jahre den Dienst für den Herrn Jesus geteilt habe. Im Sommer 1926 war er nach seinem Examen einige Monate bei uns im Berliner Osten. Damals hat sich ein Band geknüpft, das nicht wieder abgerissen ist, vollends als 1926 sein Weg in die Berliner Stadtmission führte. Seitdem haben wir 30 Jahre Schulter an Schulter gestanden. Es war eine merkwürdige Dublizität der Ereignisse und der Werdegänge in der Stadtmissionsgemeinde im Süden Berlins und im Osten Berlins. Wir beide machten miteinander und unabhängig voneinander unsere Entdeckungen über das Wesen der Gemeinde Jesu Christi und den Aufbau seiner Gemeinde. Wie oft waren wir überrascht, wenn wir unabhängig voneinander genau dieselben Schritte gezeigt bekommen hatten. Das machte uns so froh und bestätigte gegenseitig den Weg.

Es war Hans Dannenbaums Auftrag, der Pfarrerschaft und der glaubenden Gemeinde zu sagen, was das Wesen der Gemeinde Jesu Christi ist, daß sie nicht nur eine unsichtbare Gemeinde ist, sondern sehr real und tatsächlich hier auf Erden lebt und konkrete Gestalt gewinnen will. Die grundlegenden Erkenntnisse wurden ihm in dem Anschauungsunterricht gegeben, den er in der Stadtmissionsgemeinde am Johannistisch von seinem Herrn erhielt. Er hat sie in seinem Buch „Werden und Wachsen einer Missionsgemeinde" niedergelegt und dieses Buch einen Erlebnis- und Tatsachenbericht genannt. Dieses Buch ist sein großes Vermächtnis und eine Magna Charta vom Wesen der Gemeinde Jesu Christi.

Brüderliche Handreichung 1956

nalismus in die Kirche macht es jedoch notwendig, dass mehr als bisher saubere theologische Arbeit in Exegese, Systematik und praktischer Theologie geleistet wird.«[52] Doch Rodenberg sah das Problem, dass für eine solche Zeitschrift keine ausreichende Zahl an Mitarbeitern zur Verfügung stand.

In den folgenden Jahren sammelte Rodenberg einen Theologischen Arbeitskreis, der für die Ferienseminare und die BH Verantwortung übernahm. Hier referierte Helgo Lindner über das theologische Erbe Julius Schniewinds, der sich, anders als Martin Kähler, der historischen Arbeit an der Person Jesu mit aller Kraft stellen wollte.[53] Daraufhin trat der Arbeitskreis an den anwesenden Erich Schnepel heran mit der Bitte, die BH in diesem Sinne stärker als theologische Zeitschrift nutzen zu können. »Sein Ja hat uns damals großen Mut gemacht.«[54] Das Anliegen ließ den PGB also nicht mehr los; auch Klaus Bockmühl machte es sich bei der Vorständetagung im Januar 1967 zu Eigen.[55]

Genau ein Jahr später fand – unabhängig von den Überlegungen des PGB – eine Besprechung im Theologischen Verlag Rolf Brockhaus statt. Dort dachte man ebenfalls an die Gründung einer theologischen Fachzeitschrift und suchte das Gespräch u. a. mit dem Mainzer Promovenden Klaus Haacker. Dieser notierte im Anschluss an das Gespräch seine Überlegungen zur allgemeinen kirchlichen Lage: »Im Vordergrund steht die Kluft zwischen praktizierter Frömmigkeit im gemeindlichen Rahmen einerseits und kritischer Reflexion und Forschung im Raum der Universität andererseits.«[56] Er umriss die aktuell zur Diskussion stehenden Themen, um dann die Möglichkeiten des Verlages in den Blick zu nehmen. Dieser genieße zwar »Vertrauen und Achtung über die Grenzen kirchlicher und theologischer Parteien hinweg«[57], müsse sich aber künftig stärker um die Anerkennung der wissenschaftlichen Theologie bemühen.

Im Laufe des Jahres 1968 kam es zur Verbindung der beiden geplanten Unternehmen. Rodenberg trat auf den Verleger Rolf Brockhaus zu, der dann konkrete Vorschläge für eine Zeitschrift machte und zu einem Gespräch einlud. Dieses fand im Herbst 1968 statt.

Zu einem bedächtigen Vorgehen in der Sache riet der Vorstand zwar im Januar 1969, doch Rodenberg hielt Kontakt mit

Helgo Lindner

Gustav Stählin, der einen ähnlichen Gedanken verfolgte, sowie mit Martin Hengel. Vor dem Hintergrund des Kirchentages und der Formierung der Bekenntnisbewegung gab Hengel zu bedenken, dass die derzeitige Form der BH einer Ausstrahlung über die PGB hinaus entgegenstehe. Als Titel der Zeitschrift schlug er vor: »Theologie und Gemeinde«.[58]

Helgo Lindner, der in dieser Zeit, gefördert vom PGB, seine neutestamentliche Dissertation vollendete und ebenso wie Klaus Haacker über den Gang der Planungen auf dem Laufenden gehalten wurde, skizzierte den bisherigen Meinungsbildungsprozess und schrieb dann: »Ich könnte mir denken, daß die Zeitschrift eine Erweiterung im Sinne des akademischen Charakters bekommt, wie sie Hengel vielleicht vorschwebt: ,… herausgegeben im Auftrag der PGB von O. Rodenberg und M. Hengel'.«[59] Lindner vertrat die Auffassung, dass Hengel einige Dozenten gewinnen könne, um dann mit ihnen zusammen einen Redaktionskreis zu bilden. Als Titel der Zeitschrift – da »Theologie und Gemeinde« schon besetzt war – machte er folgende Vorschläge: »Biblische Lehre«, »Handreichung für Gemeinde und Theologie«, »Bibel und Kirche«.

Ein Treffen mit dem Frankfurter Dozentenkreis um Gustav Stählin und Erhard Kamlah mit Otto Rodenberg im Herbst 1969 verlief positiv, ebenso wie ein Gespräch zwischen Rodenberg und Helmut Burkhardt auf Seiten des PGB sowie Gerd Rumler und Ulrich Brockhaus vom Verlag, in dem die Eckdaten zur Verhandlung kamen, u. a. die zunächst vierteljährliche Erscheinungsweise, der Umfang von 32 Seiten, die vom PGB finanzierten Exemplare für die Mitglieder und zur weiteren Verteilung u. a. an Studierende.

Erich Schnepel, der vormalige Schriftführer, sicherte seine Unterstützung zu und brachte den Titel »Theologische Fragen« ins Gespräch.[60] Die Titelfrage schlug weitere Wellen, so dass auch ein Lübecker Arzt Ideen sammelte: »Zwischen den Stühlen« – freilich mit einem Schmunzeln, dann aber ernsthaft: – »Colloquium«, »Kontakt«, »Forum«.[61]

Klaus Haacker

Auch Theo Schnepel dachte über den Titel nach: »Lehre und Leben«, »Lehre und Gemeinde«, »Theologische Fragen«. Der Titel »Theologische Beiträge« stammt von Klaus Haacker. Otto Rodenberg fand – im Blick auf die von Adolf Schlatter begründeten »Beiträge zur Förderung christlicher Theologie« – den Vorschlag zwar »fast zu dick«[62], aber dabei blieb es nach der Sitzung des Zentralen Arbeitskreises im Dezember 1969[63].

Im Dezember suchte Rodenberg den Tübinger Neutestamentler Otto Michel für das Projekt zu gewinnen, der schon einige Jahre lang die Ferienseminararbeit des PGB maßgeblich bestimmt hatte. Ihm schrieb er eine über die Zeitschrift hinaus interessante Einschätzung der Lage: »Zwar ist es grundsätzlich für eine aus 700 Mitgliedern bestehende Pfarrbruderschaft keineswegs unmöglich, die zu leistenden finanziellen Ausgaben zu decken. Der Bestand von 700 Mitgliedern täuscht allerdings eine in Wirklichkeit nicht gegebene Lage vor. Tatsächlich liegen die Dinge ja so, daß nicht wenige in der PGB einzeln oder gruppenweise entweder in anderer Richtung engagiert sind oder aber mehr oder weniger gleichgültig am Rande stehen.«[64] Doch sei er zuversichtlich, da sich ein Mitarbeiterkreis bilde und auch der Zentrale Arbeitskreis den Weg bejahe. Im März 1970 erklärte sich Michel bereit, dem Herausgeberkreis beizutreten.[65] Gustav Stählin hingegen scheint abgelehnt zu haben.[66]

Während der Haupttagung im Januar 1970 beriet der Vorstand über die Zeitschrift. Der Entwurf für die Titelseite mit senkrecht stehender Titelzeile fand die Zustimmung der Mehrheit wie auch die Vereinbarungen mit dem Verlag. Über die normalen Exemplare hinaus sollten 200 ohne Umschlag für Bezieher in der DDR gedruckt werden.

Außerdem tagte der Herausgeber-Ausschuss, bei dem außer Otto Rodenberg und Helmut Burkhardt auch Gustav Beck und Hermann Hafner anwesend waren.

Die neue Zeitschrift

Dem ersten Heft lag ein Einlageblatt bei: »Zum Geleit«, das, ebenso wie der Untertitel, die Anknüpfung an die Brüderliche Hand-

Otto Rodenberg, Hermann Hafner, Helmut Burkhardt (von links)

reichung deutlich machte. Außerdem umriss Otto Rodenberg hier die Zielsetzung der neuen Zeitschrift: »Theologie und Glauben, Lehre und Leben, Studium und Pfarramt, Wahrheit und Wirklichkeit beieinanderzuhalten und miteinander zu verantworten.

»Theologie und Glauben, Lehre und Leben, Studium und Pfarramt, Wahrheit und Wirklichkeit beieinanderzuhalten und mit einander zu verantworten.«

Die Theologen unter den Lesern werden ständig daran erinnert werden, daß rechte Theologie im Gemeindehorizont, d. h. in besonderer Zuspitzung unter dem Gesichtspunkt des Dienstes am Sterbenden recht betrieben werden muß. Von daher bekommt wissenschaftlich-theologische Arbeit ihren Tiefgang und wird bewahrt vor lebensfremder Abstraktion. Die Nichttheologen unter den Lesern werden ständig daran erinnert werden, daß alle unsere praktischen Bemühungen in der Gefahr des Leerlaufes und der Orientierungslosigkeit stehen, solange sie nicht vom ständigen Bemühen um die Wahrheitsfrage in der Erforschung der Heiligen

Schrift als der Quelle von Glauben und Leben getragen sind. Für den praktischen Gemeindedienst ist theologische Arbeit, verstanden als Ernstnehmen der Heiligen Schrift und aller uns an ihr entstehenden Aufgaben des Hörens und Verstehens, deshalb unerläßlich und notwendig.«[67]

In den PM stellt ein Beitrag – vermutlich aus der Feder Rodenbergs – die Frage: »Was bedeutet das Erscheinen der ›Theologischen Beiträge‹ für unsere Bruderschaft?« Die Antwort lautet: »Wir haben zweifellos Grund zu großer Dankbarkeit für den mit dieser unserer Zeitschrift verbundenen und jetzt in noch besserer Weise weitergehenden Weg in die Öffentlichkeit. Wir haben hier eine Plattform, auf der wir von der Quelle unseres bruderschaftlichen Lebens her, dem Umgang mit dem Herrn im Gebet und im täglichen Lesen und Erforschen der Bibel sowohl den Brüdern im Amt dienen und helfen können als auch aktiv teilnehmen am Mitdenken und Handeln zur Auferbauung der gesamten Gemeinde Jesu Christi. Hier verwirklicht sich also ein wesentliches Stück unseres in den Lebenslinien niedergelegten Auftrags.«[68]

Nachdem Otto Rodenberg, in ihrer Entstehungszeit der wesentliche Motor und Moderator der Zeitschrift, die Verantwortung für einen Jahrgang getragen hatte, zog er sich etwas zurück. Zu Beginn des 4. Jahrgangs übernahmen nun zwei Herausgeber die Verantwortung: Professor Otto Michel als Vertreter der universitären Theologie und (damals noch) Pfarrer Theo Sorg als Vertreter der Gemeinde. Daneben gab es den inzwischen erweiterten »Kreis von Mitherausgebern«. Die Redaktion versah Helmut Burkhardt als Theologischer Referent der PGB. In einer entsprechenden Erklärung von Michel und Sorg heißt es, dass das Ziel dasselbe bleiben solle: »Erneuerung der Theologie von der Heiligen Schrift her im Horizont der Gemeinde«.[69]

»Erneuerung der Theologie von der Heiligen Schrift her im Horizont der Gemeinde.«

Die Rubriken entsprachen teilweise denen der BH: »Die Botschaft« (später: »Biblische Besinnung«), »Aufsätze«, »Das Gespräch«, »Stimme der Väter«, »Bibel und Kirche«, »Lesefrüchte« (später: »Bücher«). Der Hinweis auf die brüderliche Handrei-

brüderliche
handreichung
der PFARRER
GEBETS
BRUDERSCHAFT

theologische
beiträge

1
70

theologischer verlag rolf brockhaus

Einband seit dem 1. Jahrgang

chung fiel auf dem Umschlag ab dem 2. und im Impressum ab dem 4. Jahrgang fort. Ebenfalls seitdem bestand jeder Jahrgang aus 6 Heften; gelegentlich kam es zur Zusammenlegung von zwei Heften.[70]

Ab Heft 91-3 gibt es ein Editorial »Zu diesem Heft«, das jeweils von einem der Herausgeber verfasst wird. Nachdem im 22. Jahrgang die Rückenheftung durch die Klebebindung abgelöst wurde, erscheint die Zeitschrift seit dem 23. Jahrgang mit einer neuen Titelseite: Die Leiste »Theologische Beiträge« – vorher vertikal – ist jetzt horizontal, und auch der Index ist hier zu finden, so dass man nicht mehr das Heft aufzuschlagen braucht, wenn man sich über den Inhalt informieren will.

Nach 1999 setzte sich das Computer-Zeitalter auch im Blick auf die Zeitschrift voll durch: Die Zeitschrift erhielt eine E-Mail-Adresse, eine Homepage mit verschiedenen Angeboten: je ein Aufsatz pro Heft, der Inhalt des neuen Heftes, Register für den Jahrgang, Gesamtregister, auch für die im Titel vorkommenden Bibelstellen. Die Redaktion übernahm mit Heft 00-2 die Satzarbeiten, was für den PGB in Zeiten zurückgehender Spenden eine Entlastung bedeutete.

Entwicklung der Auflage

Die Auflage kletterte von 1971 bis 1978 von 2 472 auf 4 326, was v. a. an der starken Nachfrage unter Studierenden lag. Dieser Level konnte bis 1980 gehalten werden; dann sanken die Zahlen bis 1990 auf 3 020. In diesem Jahr hatte die Zahl der studentischen Bezieher ihren Tiefststand erreicht, konnte aber wieder konsolidiert werden. Bereits 1993 waren es wieder 4 039 Abonnenten. Doch bis 1998 ging die Zahl wieder auf 3 429 zurück. Im Jahr 2000 fand eine computertechnische Veränderung der Abonnementverwaltung statt, so dass keine zuverlässigen Zahlen vorliegen. 2001 lag die Auflage wieder bei 3 595, wobei naturgemäß die größte Fluktuation und damit auch der stärkste Zuwachs wieder bei den Studierenden zu verzeichnen war. Die Zahl stieg von 1 154 (Heft 1) auf 1 480 (Heft 6) an.

Einer Tabelle über die »Auflagenhöhe verschiedener Theologischer Zeitschriften« aus dem Jahr 1991 zufolge lagen die Theo-

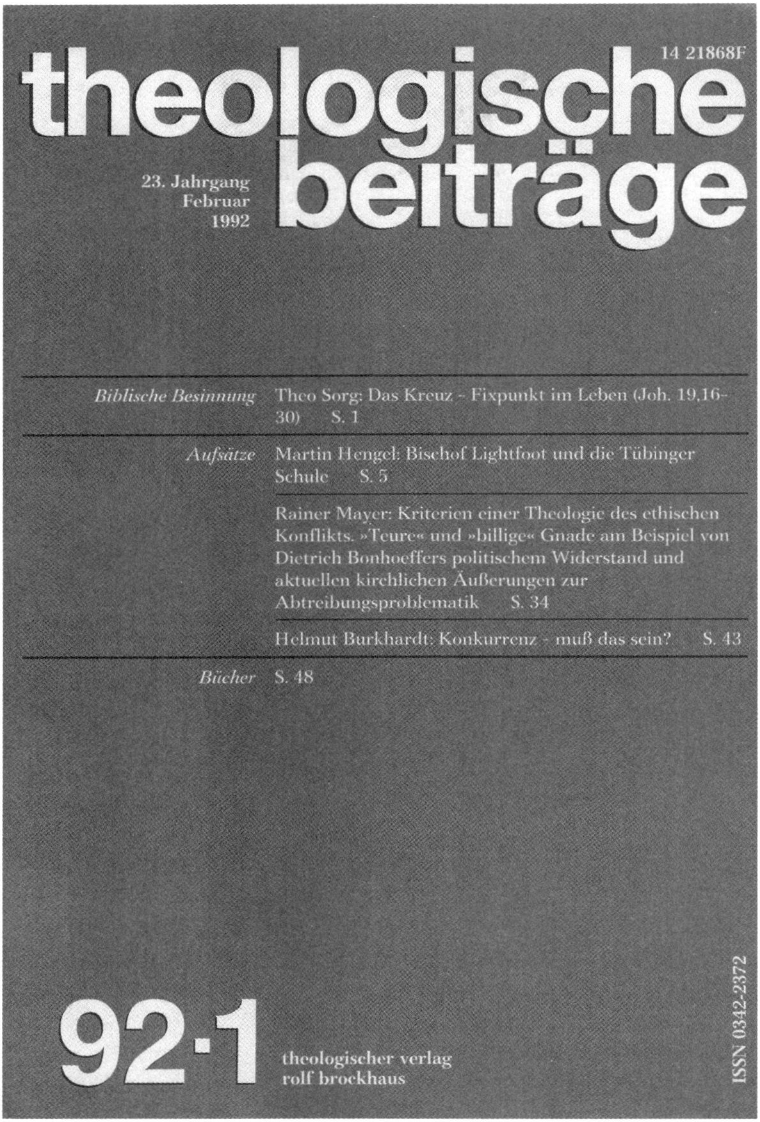

14 21868F

theologische beiträge

23. Jahrgang
Februar
1992

Biblische Besinnung	Theo Sorg: Das Kreuz - Fixpunkt im Leben (Joh. 19,16-30) S. 1
Aufsätze	Martin Hengel: Bischof Lightfoot und die Tübinger Schule S. 5
	Rainer Mayer: Kriterien einer Theologie des ethischen Konflikts. »Teure« und »billige« Gnade am Beispiel von Dietrich Bonhoeffers politischem Widerstand und aktuellen kirchlichen Äußerungen zur Abtreibungsproblematik S. 34
	Helmut Burkhardt: Konkurrenz - muß das sein? S. 43
Bücher	S. 48

92·1

theologischer verlag
rolf brockhaus

ISSN 0342-2372

Einband seit dem 23. Jahrgang

logischen Beiträge gemeinsam mit den Homiletischen Monatsheften an 3. Stelle, hinter den Evangelischen Kommentaren auf Platz 1 und den Lutherischen Monatsheften auf Platz 2.

Verantwortliche

In den Kreis derer, die Verantwortung für die Zeitschrift wahrnehmen, sind seit 1970 immer wieder neue Mitglieder berufen worden. Hier eine Übersicht:

Herausgeber

Otto Rodenberg:
   70-1 bis 72-1
Theo Sorg:
   72-2 bis 97-3
Otto Michel:
   73-1 bis 76-6
Klaus Haacker:
   seit 77-1
Heinzpeter Hempelmann:
   seit 97-4
Gerhard Hennig:
   seit 97-4

Mitherausgeber

Helmut Burkhardt:
   seit 70-1
Helgo Lindner:
   seit 70-1
Rudolf Ruf:
   nur 70-1
Otto Michel:
   70-2 bis 72-4;
   83-1 bis 91-6 (s.o.)

Klaus Haacker:
   70-2 bis 77-1 (s.o.)
Theo Sorg:
   70-3 bis 72-1;
   97-4 bis 01-6 (s.o.)
Otto Rodenberg:
   72-2 bis 96-4 (s.o.)
Klaus Bockmühl:
   73-2 bis 90-2[71]
Wolfhart Schlichting:
   73-2 bis 96-4[72]
Martin Hengel:
   seit 73-2
Horst W. Beck:
   74-1 bis 79-6
John R. W. Stott:
   75-1 bis 76-6
Hermann Hafner:
   76-3 bis 82-6
Gerhard Ruhbach:
   77-1 bis 99-6[73]
Gerhard Hennig:
   83-1 bis 97-3 (s.o.)
Heinzpeter Hempelmann:
   89-1 bis 97-3 (s.o.)
Rainer Riesner:
   seit 89-1

Herwig Wagner:
  91-1 bis 99-6
Walter Leich:
  92-1 bis 98-1
Karl-Heinz Michel:
  nur 93-1
Michael Herbst:
  seit 97-1
Johannes Triebel:
  seit 00-4

Mitarbeit

Otto Michel:
  77-1 bis 82-6 (s.o.)
John R. Stott:
  77-1 bis 01-6 (s.o.)
Johannes Eichler:
  83-1 bis 91-6
Klaas Runia:
  seit 83-1
Herwig Wagner:
  83-1 bis 90-6 (s.o.)

Friedrich E. Walther:
  92-1 bis 01-1
Werner Kenkel:
  seit 01-2

Redaktion

Helmut Burkhardt:
  70-1 bis 76-2 (s.o.)[74]
Hermann Hafner:
  76-3 bis 80-1 (s.o.)
Heinzpeter Hempelmann:
  84-1 bis 88-2 (s.o.)
Martin Brändl:
  88-3 bis 91-2
Heinz-Dieter Becker:
  91-3 bis 99-3
Reiner Braun:
  99-4 bis 02-2
  (kommissarisch bis 02-4)
Nadine Gleichmann:
  ab 02-5

Das theologische Gespräch der Verantwortlichen hat seinen Platz bei den jährlichen Zusammenkünften des Herausgeberkreises, aber auch in der vielfältigen Korrespondenz zwischen den Herausgebern oder auch mit den Autorinnen und Autoren. Nicht selten erhalten sie eine inhaltliche Rückmeldung auf ihr Angebot, die aus dem Umlauf im Herausgeberkreis hervorgeht und zu einem Überdenken oder Überarbeiten des Beitrags führt.

Gelegentlich nahmen sich die Herausgeber auch Zeit, um sich über den Weg und das Ziel der ThBeitr zu orientieren, so nach zehn Jahren bei der Vorstandstagung der PGB, zu der Klaus Haacker eingeladen war. Er stellte in seinem Referat den Bezug zu den historischen Wurzeln der Zeitschrift her. Die eine liege im Pietismus sowie in der Erweckungs- und Gemeinschaftsbewe-

Gerhard Hennig

gung. Von daher habe die Zeitschrift die Aufgabe, »gegenüber einer bloßen Rechtgläubigkeit auf die Einheit von Leben und Denken zu dringen und einer Intellektualisierung der Theologie entgegenzuwirken.« Außerdem müsse sie sich »mit den Folgen der Aufklärung und Säkularisierung als theologische und volksmissionarische Aufgabe« auseinander setzen.

Die andere Wurzel gehe zurück auf den »Dienst der theologischen Lehrer, die dem Entmythologisierungsprogramm Rudolf Bultmanns entgegengetreten sind«. Über die eingangs genannten Begründer der Zeitschrift und ihre Begleiter hinaus bezieht er sich damit auch auf Julius Schniewind, Hans-Joachim Kraus und Carl Heinz Ratschow. Daraus resultiere die Aufgabe, »theologische Lehre als Seelsorge an Pfar-

Daraus resultiere die Aufgabe, »theologische Lehre als Seelsorge an Pfarrern und künftigen Pfarrern zu treiben und auf diesem Wege einer Erneuerung der Kirche zu dienen«.

rern und künftigen Pfarrern zu treiben und auf diesem Wege einer Erneuerung der Kirche zu dienen«. Sodann unternimmt Haacker den »Versuch einer inhaltlichen Umschreibung der systematischen Position vom biblischen Begriff des Zeugnisses her«. Einige sehr markante Zitate aus diesem Abschnitt: »Die Wahrheit, um die es geht, ist Gottes Recht gegenüber einer Welt, die sich gegen seinen Anspruch auflehnt, und gegenüber den Götzen, die diese Welt sich anstelle des lebendigen Gottes macht.« – »Der Dienst der Theologie ist Teil des Kampfes Gottes um seine Welt und um sein Volk in dieser Welt.« – »Es geht darum, den Menschen ein Urteil abzuringen, das Gott Recht gibt.« – »Theologie als Zeugnis bedeutet weiter: mit Leib und Seele hineingenommenwerden in Gottes Geschichte mit der Welt, die eine Leidensgeschichte ist.« Haacker unterstreicht die Chancen, die im publizistischen Engagement des PGB liegen, und zeigt gleichzeitig die Grenzen auf. Zuerst und vor allem: »Die Einheit von Leben und Denken ist literarisch schwer darstellbar.« Dann bezieht er sich auf die kommerzielle Seite und vertritt die Auffassung, dass die Themen nicht nur von Seiten der Herausgeber vorgegeben werden können, sondern dass sie auch fragen müssen, was ihre Leser bewegt und anspricht. Bei der Gewinnung neuer Autoren, die bei der Behandlung von speziellen Themen erforderlich sei, wünscht er sich eine gewisse Offenheit, wo »ein an sich brauchbarer Beitrag von fragwürdigen Nebentönen begleitet« ist. Haacker wirbt für den Grundsatz, »daß die Zeitschrift ihr besonderes Profil nur in einer Art Cantus firmus haben kann, der sich eindeutig durchhält, der aber auch eine gewisse wohldosierte Vielstimmigkeit verkraften kann.«[75]

Es wurde Konsens darüber erzielt, daß die ThBeitr keine beschreibbare positionelle Identität besitzen, sondern eine Weggemeinschaft darstellen.

Ähnlich ist auch das Ergebnis der Tagung mit Herausgebern, ständigen Mitarbeitern und qualifizierten Interessenten zusammenzufassen, die im Oktober 1987 in Dautphetal-Herzhausen stattfand. Es ging dort »um den Versuch, Ort und Funktion der ThBeitr im Beziehungsgeflecht kirchlich-wissenschaftlicher Konstellationen zu bestimmen. Es wurde noch einmal deutlich, daß die einzelnen Mitglieder des

Herausgeberkreises neu das ihnen gemeinsame Proprium finden und bestimmen müssen. (…) Es wurde Konsens darüber erzielt, daß die ThBeitr keine beschreibbare positionelle Identität besitzen, sondern eine Weggemeinschaft darstellen. Diese Weggemeinschaft macht das Profil der ThBeitr aus. Je mehr diese sichtbar wird, um so mehr bedeutet sie eine Einladung zur Mitarbeit an andere; um so größer kann auch die Offenheit gegenüber anderen Beiträgen werden.«[76]

Bei seinem Ausscheiden aus dem Dienst des Redakteurs legt Martin Brändl in seinem Bericht bei der Vorstandstagung dar, dass die Bruderschaft die Zeitschrift um der Bruderschaft willen brauche, die sich auch und gerade über der aufgeschlagenen, aufmerksam miteinander gelesenen Bibel ereigne. Aber auch als Dienst an der Kirche und dem theologischen Nachwuchs habe die Zeitschrift ihre Aufgabe behalten. Er erzählt davon, wie er als Student dankbar gewesen sei für den Beitrag von Karl-Heinz Michel: »Die Bibel im Spannungsfeld der Wissenschaften«.[77] Er schließt mit dem persönlichen Wort: »Mit unserer Zeitschrift ist uns eine Brücke und ein Weg gegeben, der unserer Bruderschaft nun schon seit zwanzig Jahren den Zugang zu ganz unterschiedlichen Ebenen ermöglicht und damit einen Raum erschließt, in dem wir das, was uns aufgetragen ist, sagen können. Wir sollten diesen Weg noch intensiver gehen und in keinem Fall die Brücken abbrechen, denn sie wurden lange und mit viel Arbeit gebaut. Wir sollten sie – neben den anderen Strukturen unseres bruderschaftlichen Lebens – nutzen, um den in unseren Lebenslinien niedergelegten Auftrag zu erfüllen.«[78]

Statistisches

Mit Abschluss des 32. Jahrgangs umfasst das Gesamtregister[79] 1 957 Einträge. Die am meisten vertretenen Autoren von Biblischen Besinnungen und Aufsätzen sind neben den Herausgebern selbst die Professoren und Dozenten Oswald Bayer, Otto Betz, Peter Beyerhaus, Ulrich Eibach, Felix Flückiger, Adolf Köberle, Ulrich H. Körtner, Gerhard Maier, Rainer Mayer, Christian Möller, Hans Martin Müller, Horst Georg Pöhlmann, Thomas Pola, Wolfhart Schlichting, Gunda Schneider-Flume, Manfred Seitz, Peter Stuhlmacher, Claus Westermann und Peter Zimmerling. Von Seiten der Kirche und Gemeinde: Bischof Walter Klaiber, Ulrich Läpple und Rudolf Landau.

Reaktionen aus der Leserschaft

Im Jahr 1985 veranstaltete die Redaktion eine Leserumfrage, eine von mehreren während der ersten 32 Jahrgänge. Dabei stieß sie neben mancher Kritik und vielen Anregungen im Einzelnen auf eine im Ganzen positive Resonanz: »Es fällt auf, wie viele Leser ihre Zustimmung zur Zeitschrift auch emotional artikulieren (›weiter so‹, ›Die Zeitschrift ist prima!‹, ›Gottes Segen‹ etc.). Insgesamt gesehen liegt die Stärke der ThBeitr darin, daß sie – wie ein Leser es formuliert – ›einen pietistisch-reformatorischen Hintergrund verbindet mit sauberer exegetischer Arbeit‹. (…) Positiv wurde im Einzelnen gewertet: die Gemeindenähe, die Lesbarkeit (auch für Nicht-Theologen), der niedrige Preis, das häufige Erscheinen bei einem relativ niedrigen Umfang der einzelnen Hefte.«[80] Der niedrige Preis erklärt sich durch die finanzielle Beteiligung des PGB, die von Anfang an nicht nur die Kosten für die kostenlosen Abonnements, sondern v. a. die für die Redaktion anfallenden Personal- und Sachkosten übernommen hat.

Themen

Die Themen, die die Jahrgänge durchziehen, teils in Themenheften, wären einer eigenen umfangreichen Darstellung wert, zumal wenn man den kirchen- und theologiegeschichtlichen Hintergrund mit im Blick behalten will, den die Zeitschrift in der ihrem Profil gemäßen Art widerspiegelt. Die Frage nach der Hermeneutik und der rechten Auslegung der Bibel, v. a. über weite Strecken im Blick auf die Evangelien, bildet einen roten Faden, die Frage nach Mission und Evangelisation unter den Bedingungen von Moderne und Postmoderne einen weiteren. Einen eigenen Schwerpunkt bildet die Frage nach dem Verhältnis Christen und

Juden, zuweilen auch die der Judenmission. Der interreligiöse Dialog und das Gespräch mit philosophischen Richtungen sind im Lauf der Jahre unterschiedlich zur Behandlung gekommen. Auch kirchliche Handlungsfelder nehmen breiten Raum ein, zumal auch die Pfarrerinnen und Pfarrer im PGB und darüber hinaus immer wieder die Praxisrelevanz der Zeitschrift einklagen: Predigt und Kasualpraxis, Seelsorge und Religionsunterricht und in den 80er Jahren – aber nicht nur – v. a. der Gemeindeaufbau. In den ethischen Herausforderungen haben sich die Herausgeber um Aktualität bemüht, sei es die Abtreibungsproblematik, die Situation der Ehe, die Heiligung des Sonntags oder die Frage nach dem Umgang mit praktizierter Homosexualität in der Kirche. Auch die Kirchengeschichte hat ihren Raum bekommen. Schwerpunkte liegen bei der Reformation, beim Pietismus und bei der Erweckungsbewegung.

Der Herausgeberkreis ließ sich die inhaltliche Gestaltung der Zeitschrift nie nur durch die angebotenen Manuskripte vorgeben, sondern ging immer wieder gezielt auf Autoren zu, um sie zur Mitarbeit aufzufordern, direkt um ein bestimmtes Manuskript zu bitten oder um die Beschäftigung mit einem Thema anzuregen. Darüber hinaus suchten die Herausgeber im Rahmen der »Weggemeinschaft« das theologische Gespräch miteinander über aktuelle Themen in Theologie und Kirche. So stand etwa bei der Herausgebertagung 2001 die Beschäftigung mit der römischen Erklärung »Dominus Iesus« und ihren ökumenischen Konsequenzen auf der Tagesordnung. Dabei lag ein Vortrag von Jörg Haustein bei der Landessynode der Ev. Kirche im Rheinland vor, der dann noch im selben Jahrgang erschien.[81]

Zusammenfassung und Ausblick

1. Der Bruderschaft ist das publizistische Engagement im Lauf ihrer Geschichte organisch zugewachsen. Ende der sechziger Jahre war die Zeit dafür reif, mit einer Publikation aus dem Raum der Bruderschaft herauszugehen. Nicht nur die erforderlichen finanziellen Mittel und verlegerischen Möglichkeiten sind ihr damals und seitdem kontinuierlich geschenkt worden, sondern

auch Menschen, die geplant und gekämpft, geschrieben und begutachtet, sondiert und korrespondiert, gesetzt und gedruckt, gelesen und rezipiert haben. Das ist ebenso Grund zu großer Dankbarkeit wie eine Herausforderung für die Zukunft.

Der PGB lebt nicht nur in der geistlichen Erbauung und theologischen Zurüstung seiner Mitglieder und Freunde nach innen, sondern auch in der aus dem biblischen Zeugnis geschöpften Verantwortung nach außen.

2. Der PGB lebt nicht nur in der geistlichen Erbauung und theologischen Zurüstung seiner Mitglieder und Freunde nach innen, sondern auch in der aus dem biblischen Zeugnis geschöpften Verantwortung nach außen, von dem theologischen Gespräch mit Nah- und mit Fernstehenden, von der Mitarbeit in Kirche und Welt. Hier liegen in der Zeitschrift Chancen, die vielfältig genutzt wurden und auch in Zukunft genutzt werden wollen.

3. Der PGB hat die Möglichkeiten, über die Zeitschrift auf sich und seine Angebote hinzuweisen, bisher nur in beschränktem Umfang wahrgenommen. Reaktionen etwa von Kirchentagsbesucherinnen und -besuchern zeigen, dass die Zeitschrift wesentlich bekannter ist als der PGB, in dessen Auftrag sie erscheint. Gleichzeitig ist angesichts der differenzierteren und oft diffuseren Angebote im postmodernen Pluralismus auch im geistlich und biblisch fundierten Bereich das Interesse von Pfarrern und Pfarrerinnen an einer tragfähigen und verbindlichen Gemeinschaft gewachsen. Die Zeitschrift ist in den letzten Jahren für den einen oder die andere die Brücke zur Bruderschaft geworden und wird das hoffentlich auch in Zukunft sein.

4. Die Zeitschrift hat Anteil an der Aufgabe, die der PGB als Ganzer wie auch in seinen anderen Wirkungsfeldern wahrnimmt: Theologinnen und Theologen im kirchlichen und akademischen Amt, in der Vorbereitung und im Ruhestand soll das Wort Gottes so bezeugt werden, dass sie zum Glauben an Jesus Christus und sein Heil finden und darin bestätigt werden, sich in ihrem Dienst in Kirche und Welt an Gottes Wort zu orientieren und so als mutige und glaubwürdige, getroste und fröhliche Zeuginnen und Zeugen zu wirken. Dies gilt es von der Geschichte her im Blick zu behalten.

5. Die Zeitschrift hat sich inzwischen in Theologie und Kirche weitgehend etabliert. Zahlreiche Kirchenleitungen und Ausbildungsreferenten sowie Hochschulen und ihre Lehrenden sind bereit, ihren Studierenden das Werbematerial zugänglich zu machen oder aktiv zu werben, weil sie dankbar sind, dass in Zeiten zurückgehender Mittel das Angebot des kostenlosen Bezugs für Studierende weiterhin besteht und diese so zur theologischen Auseinandersetzung herausgefordert werden. Studierende nehmen auch in großer Zahl das Angebot der kostenlosen Lieferung an, nicht wenige setzen ihr Abo fort, einige sind bereit, in Lehrveranstaltungen auf die Zeitschrift hinzuweisen. Regelmäßig treffen Manuskripte bei den Herausgebern oder in der Redaktion ein, die Forschende und Lehrende – ob am Anfang, in der Mitte oder nach Abschluss ihrer aktiven Laufbahn – den Theologischen Beiträgen anbieten. Viele von ihnen sind bereit, Rezensionen zu übernehmen. Die meisten Verlage mit theologischem Programm informieren nicht nur über ihre aktuellen Publikationen, sondern senden sie unaufgefordert zur Besprechung ein; einige nutzen die Zeitschrift zur Werbung. Diese Akzeptanz, die von Anfang an nicht vorauszusehen war, ist erfreulich, fordert aber auch heraus, die damit verbundene Verantwortung wahrzunehmen. Überdies kann diese Akzeptanz möglicherweise dadurch ausgebaut werden, dass Frauen, die dem theologischen Profil der Zeitschrift verpflichtet sind, noch stärker mit in die Verantwortung genommen werden, dass Autorinnen und Autoren außerhalb des deutschsprachigen Raums häufiger zur Mitarbeit eingeladen werden und auch dadurch, dass die graphische Gestaltung weiter den Lesegewohnheiten v. a. auch der jungen Lesergeneration angepasst wird.

> Diese Akzeptanz, die von Anfang an nicht vorauszusehen war, ist erfreulich, fordert aber auch heraus, die damit verbundene Verantwortung wahrzunehmen.

6. Das Profil der Zeitschrift, das sich aus den genannten Wurzeln speist und durch die Jahrgänge hindurch weiter gewachsen ist, hat sich in den Herausforderungen der Zeit bewährt, auch wo es zu Konflikten oder gar zu Konfrontationen geführt hat. Dieses Profil bei der Prüfung der Manuskripte und in den mit personellen

Veränderungen im Herausgeberkreis zusammenhängenden Überlegungen durchzuhalten, braucht es das Gespräch der Herausgeber untereinander, mit dem PGB sowie mit den Autoren und
Lesern, bei dem die Gesprächspartner hörbereit bleiben, und
nicht zuletzt das Hören auf das Wort der Bibel und die Fürbitte.

Der Pfarrfrauenbund

Ingeborg Fischer

Es war im Mai 1916 während der Tagung des Pastoren-Gebetsbundes in Gunzenhausen. Pastor Ludwig Thimme hatte angeregt,
die Pfarrfrauen mit einzuladen. Ein kleiner Kreis von nur 15 Pfarrfrauen war dieser Einladung gefolgt. Sie kamen aus Westpreußen,
Brandenburg, der Provinz Sachsen, aus Hessen, dem Hunsrück
und aus Bayern. Ihre Erwartung allerdings, dass sie den Tag
gemeinsam mit den Pfarrbrüdern erleben würden, erfüllte sich
nicht. Zwar durften sie an der Morgenandacht teilnehmen, aber
dann zog sich der weitaus größere Kreis der Pfarrer zu den
Referaten und Besprechungen zurück, und die Pfarrfrauen waren
auf sich selbst gestellt. So taten sie sich zu einer eigenen Gebetsgemeinschaft und Auslegung der Bibeltexte zusammen.
  Ludwig Thimme war es dann, der den Frauen riet, sich in
gleicher Weise wie die Pfarrer zu einem selbständigen Bund
zusammenzuschließen. Das geschah, und Clara Heitefuß, die damals schon einen Namen hatte als Verfasserin mehrerer Bücher,
wurde gebeten, die Leitung zu übernehmen. Die »Schwestern« –
so nannten sie sich hinfort – hatten erkannt: Wir brauchen eine
tragende Gemeinschaft und Kontakte über den unmittelbaren
Lebenskreis hinaus. Wir brauchen das klärende Gespräch und die
gemeinsame Bibelarbeit, die uns hilft, das Wort der Bibel und den
Auftrag Christi in unserer besonderen Situation zu verstehen. Und
vor allem brauchen wir das gemeinsame Gebet und die Fürbitte.
So entstand der »Pfarrfrauen-Schwesternbund«, seinem Wesen
nach ein Gebetsbund, obwohl er sich offiziell nie so genannt hat.

Freizeit in Hannover 1929

Als Motto für den Bund wurde das Wort aus Johannes 15,7 gewählt: »So ihr in mir bleibt und meine Worte in euch bleiben, werdet ihr bitten, was ihr wollt, und es soll euch werden.« Es stand auf der Mitgliedskarte, die bis etwa 1950 den Eintritt in den Bund bestätigte. Heute findet sich dieses Wort auf der ersten Seite unserer Adressen- und Fürbittenliste zusammen mit einem Gebet, das ausdrückt, was uns im »Pfarrfrauenbund« – wie er seit 1968 schlicht heißt – wichtig ist: »… dass wir unseren Herrn durch unser Tun und Lassen ehren, dass wir uns gegenseitig in der Liebe Christi helfen, stärken und fördern, dass der Herr uns ausrüste zum Wirken in Haus und Gemeinde, dass er Segen gebe zum Erfüllen aller Aufgaben und seinen heiligen Geist, dass wir seine Zeugen werden.« Einzige Bedingung, in den Bund aufgenommen zu werden, war und ist »ein persönliches Verhältnis zu Jesus Christus und die innerste Bereitschaft, unter seiner Königsherrschaft den Weg der Nachfolge zu gehen.«

Wie nötig dieser Bund von Pfarrfrauen für Pfarrfrauen war (und ist), zeigt sein stetiges Anwachsen. Bald gewann er in allen Landeskirchen zahlreiche Mitglieder. Durch Strahlen- und Rundbriefe, Besuche, regelmäßige Treffen in überschaubaren Kreisen und auf Tagungen wurde und wird die Verbindung gehalten. Der Strahlenbrief allerdings wurde bald durch den »Vertraulichen Schwesternbrief« ersetzt. Heute haben wir das Heft »Wegweisung und Aussprache«, das zwei- bis dreimal im Jahr erscheint. Es verbindet persönliche Nachrichten mit Tagungsberichten, Buchbesprechungen, Stellungnahmen zu bestimmten Fragen, die uns als Pfarrfrauen heute bewegen, und gibt vor allem Referate und Bibelarbeiten wieder, die auf Tagungen gehalten wurden.

Zunächst waren alle Mitglieder des Bundes Ehefrauen von Brüdern des PGB. Doch bald traten auch Pfarrfrauen ein, deren Männer nicht im PGB waren. Aber eine herzliche Verbindung blieb. Noch jahrelang war ein leitender PGB-Bruder im Vorstand des Pfarrfrauen-Schwesternbundes als Helfer und Berater. Auch die großen Bundeskonferenzen wurden gemeinsam abgehalten. Zu den PGB-Brüdern kamen 80 bis 100 Pfarrfrauen. Jetzt war man bei den Bibelarbeiten zusammen, während Vorträge, Aussprachen, Vorstandsbesprechungen und Mitgliederversammlungen getrennt waren. Erst als der organisatorische Aufwand bei den Vorbereitungen zu groß wurde, legte man die Konferenzen auseinander, und der Pfarrfrauen-Schwesternbund hielt seine eigenen großen Tagungen.

Nach grober Schätzung mögen heute wohl gut ein Drittel seiner etwa 1100 Mitglieder Ehefrauen von PGB-Brüdern sein. Aber auch jetzt noch wird die Leiterin des Pfarrfrauenbundes zur Vorständetagung des PGB eingeladen, und durch die Jahrzehnte hindurch waren immer wieder auch Brüder auf unseren Tagungen. Manchmal als Referenten, oder um ein Grußwort zu sagen oder einfach nur als Teilnehmer.

Als mit dem PGB in Österreich ebenfalls ein Pfarrfrauenbund entstand, entwickelte sich auch dorthin ein reger, schwesterlicher Austausch.

Viel hat sich seit dem Gründungsjahr 1916 geändert. Pfarrfrau zu sein wird heute von vielen nicht mehr als »Beruf« gesehen. Pfarrfrauen üben heute vielfach ihren eigenen, erlernten Beruf aus und stehen für die Mitarbeit in der Gemeinde nur bedingt zur Verfügung. Die Frauenbewegung der sechziger Jahre zog auch in die Kirchen ein und in ihrem Gefolge die feministische Theologie.

Auf dem Kirchentag in Stuttgart 1999 (1. von links: Ingeborg Fischer)

Dies brachte viel Verunsicherung und für den Pfarrfrauenbund ganz neue Herausforderungen. Ingeborg Hauschildt, Theologin und von 1975 bis 1991 Leiterin des Bundes, gab mit ihrem Buch »Die feministische Versuchung und die Antwort der christlichen Frau« Hilfe und Orientierung. In den vergangenen Jahren sah sich der Pfarrfrauenbund mehrfach dazu herausgefordert, gegen – von der evangelischen Frauenarbeit in Deutschland (EFD) verabschiedete – Papiere Stellung zu nehmen, etwa zur Abtreibungsthematik, zu neuen Lebensformen und zur »theologischen Begründung der Gewalt gegen Frauen«. So will der Pfarrfrauenbund auch heute noch einen geschützten Raum bieten, in dem offenes, vertrauensvolles und verantwortungsbewusstes Gespräch möglich ist – auch über all die Nöte in Pfarrfamilien und Pfarrersehen. Wir wollen einander helfen, stützen und stärken. Dass wir den Beruf des Ehemannes bejahen und nach Kräften mittragen, auch bei eigener Berufstätigkeit, sei nur am Rande erwähnt. Die Bibelarbeit macht weiterhin den Hauptteil unserer Zusammenkünfte aus, weil wir die Fragen und Probleme unserer Zeit im Licht des Evangeliums durchdenken und von daher Antwort erhalten wollen.

Viel hat sich seit dem Gründungsjahr 1916 geändert.

Biographische Skizzen

Walter Michaelis (1866-1953)

Reiner Braun

Von 1906 bis 1911 war Walter Michaelis ehrenamtlicher Vorsitzender des Gnadauer Verbandes und übernahm das Amt erneut von 1919 bis 1953 – in dieser zweiten Phase hauptamtlich. Gerhard Ruhbach fasst seine Wirksamkeit in diesem Amt so zusammen: »… er hielt die junge Gemeinschaftsbewegung als einer der Mitverantwortlichen der Berliner Erklärung 1909 von der Pfingstbewegung fern; er sorgte dafür, daß Gnadau – trotz mancher freikirchlicher Neigungen nach 1918 – eine der Landeskirche verbundene Bewegung blieb, und er hat schon im Spätjahr 1933 eindeutig gegen die Glaubensbewegung ›Deutsche Christen‹ Stellung bezogen, so daß der Gnadauer Verband, von wenigen Ausnahmen abgesehen, klar und eindeutig durch die Zeit des Nationalsozialismus hindurchkam, damit allerdings auch mancherlei Behinderungen zu bestehen hatte.« (Ev. Lexikon für Theologie und Gemeinde)

> Das Amt war es, dass es »mich in Verbindung hielt mit Hunderten von Amtsbrüdern, die in einem Geist dem Herrn dienen wollen, und zu deren Förderung in Erkenntnis und Ausrichtung der Arbeit ich in der Leitung unseres Bundes etwas beitragen konnte.«

Walter Michaelis, der vor 1919 Pfarrer, Missionsinspektor und freier Evangelist war, dessen Bruder Georg 1917 für ein Vierteljahr als Reichskanzler an der Spitze der Reichsregierung stand, gehörte zu den Initiatoren des PGB. Von 1934 bis 1946 hatte er das Amt des Vorsitzenden inne, ließ sich aber schon 1940 von allen Aufgaben entbinden, ohne sich allerdings als Ratgeber der neuen Verantwortlichen zurückzuziehen. Bei seinem Abschied schreibt

Walter Michaelis

er zum Geleit der »Sieben Bitten an den Pfarrer-Gebetsbund« von Ludwig Thimme (1946): Der »Vorzug« seines Amtes sei gewesen, dass es »mich in Verbindung hielt mit Hunderten von Amtsbrüdern, die in einem Geist dem Herrn dienen wollen, und zu deren Förderung in Erkenntnis und Ausrichtung der Arbeit ich in der Leitung unseres Bundes etwas beitragen konnte.« In der Tat erscheint es im Rückblick »als eine besondere Gnade Gottes« (Hans Haberer), dass »ein Theologe mit Durchblick und Weitblick dem Bund in diesen schwierigen Zeiten vorstand« (Michael Diener: Kurshalten in stürmischer Zeit, 252). Michaelis schreibt in seinem Geleitwort weiter, dass die »Brunnenstube« des PGB die Gemeinschaftsbewegung gewesen sei, wenn sie auch »in Theologie und praktischer Beziehung« darüber hinausgewachsen sei. Für die Nachkriegszeit formulierte der Vorsitzende – mit dem Einfluss der Gruppenbewegung im Hintergrund – eine Mahnung an seine Brüder: »Die Kirche ist erfüllt vom Bemühen um ihre Neugestaltung und um praktische Auswirkung neuerer theologischer Erkenntnisse. Möge es Frucht für die Ewigkeit bringen! Aber nur einmal hat der Herr von Freude der Engel gesprochen [Lk. 15,10]. Daß in unseren Gemeinden Sünder heimfinden, muß unser vornehmstes Anliegen bleiben. Daß sie, der eigenen Errettung im Glauben gewiß, Verantwortung fühlen für die Errettung anderer, macht sie zu unseren eigentlichen Mitarbeitern in der Gemeinde; arm ist unser Dienst, wenn dieser Helferdienst ihm fehlt. Und dem Ruf zur Heiligung des ganzen Lebens wollen wir immer wieder das Herz öffnen, denn: ›vita clerici evangelium populi‹ [das Leben des Geistlichen ist das Evangelium für das Kirchenvolk]. Und das gemeinsame Gebet zu üben, bleibe uns ein köstliches Vorrecht. (…) Möchten die Glieder unseres Bundes Hirten ihrer Gemeinden sein, die um den Zusammenhang von Rechtfertigung und Geistesgabe wissen, nämlich, daß das Geisteswesen zur Schwärmerei wird, wo der Geistbegabte nicht in der rechtfertigenden Gnade den täglichen Grund seines Standes vor Gott hat, und daß Rechtfertigung nur ein theologischer Begriff bleibt, wo mit ihr nicht die Wiedergeburt geschenkt und der Gnadenquell der Ausrüstung mit dem Heiligen Geist nicht zum täglichen Schöpfen erschlossen wurde. In dieser Glaubenshaltung übe unser Bund das Amt der Fürbitte! Dann wird er seinen Gliedern und vielen anderen Brüdern im Amt ein Grund tiefen Dankes für empfangene Segnungen sein.«

Michael Diener, der unter dem Titel »Kurshalten in stürmischer Zeit« eine ausführliche Biographie über Walter Michaelis vorgelegt hat, fasst zusammen (a.a.O., 261): »Nicht zuletzt Michaelis hatte die Pastorengebetsbruderschaft [!] über den Rahmen der Gemeinschaftsbewegung hinausgeführt. Er förderte diese Erweiterung, mit der auch eine veränderte Einstellung zur Kirche einherging, mußte damit aber auch die Vielstimmigkeit des PGB in

»Daß in unseren Gemeinden Sünder heimfinden, muß unser vornehmstes Anliegen bleiben.«

der Kirchenfrage, im Kirchenkampf und in der Stellung zur Gruppenbewegung ertragen. Michaelis' Leitungsgabe in ihren Chancen und Grenzen und seine theologischen Schwerpunkte traten auch während seines Wirkens im Pastorengebetsbund deutlich hervor.«

Theophil Krawielitzki (1866–1942)

Horst Münzel

Theophil Krawielitzki war einer der Ersten, denen Ernst Modersohn von seinem Plan erzählte, einen Zusammenschluss bekehrter Pfarrer zu schaffen. Von Anfang an war er einer der nachhaltigsten Förderer des Pfarrergebetsbundes, indem er die Häuser des von ihm geleiteten Deutschen Gemeinschafts-Diakonieverbandes für die Zusammenkünfte öffnete: das Mutterhaus »Hebron« mit dem Tagungshaus »Sonneck« in Marburg, das Mutterhaus »Neuvandsburg« in Elbingerode, das Haus »Felsengrund« in Rathen.

Krawielitzki, 1866 in Rauden in Westpreußen als Sohn eines Pfarrers geboren, hatte 1894 seine erste Pfarrstelle im westpreußischen Vandsburg erhalten, nahe der Grenze zu Posen. Hier sammelten sich Erweckte in Gemeinschaften. Nach einem Jahr gehörte Krawielitzki selbst zu ihnen: »Für meine eigene Person wie für alle Kinder Gottes wusste ich nun, dass Jesus, der mich errettet hat von der Schuld der Sünde, auch ein Heiland ist gegenüber der Macht der Finsternis, des Fleisches und des eigenen Lebens, der uns in der Sterbens- und Lebensgemeinschaft mit ihm selber von Schritt zu Schritt weiterführen will, dass wir im kindlichen Glauben an ihn immer mehr uns selbst verlieren und umgewandelt werden nach seinem Bilde.« Diese Worte wurden zu einem Programm für sein Leben.

Bald kamen Menschen zu ihm, die ihr Leben Gott zur Verfügung stellen wollten, junge Mädchen zuerst, später auch junge Männer. 1900 nahm er die ersten acht Schwestern zu sich nach Vandsburg und baute für sie ein Schwesternhaus, das aber bald zu klein wurde. 1904 waren es schon 120 Schwestern; ein neues,

Theophil Krawielitzki

größeres Mutterhaus wurde gebaut. 1906 folgte ein Gemein-
schafts-Brüderhaus. Im Jahr zuvor hatte Krawielitzki sein Pfarramt
niedergelegt, um sich ganz seinen Schwestern widmen zu können.

In einem Gerichtsverfahren, das durch mehrere Instanzen ging,
wurde er beschuldigt, sein Werk stelle eine »außerkirchliche
Religionsgemeinschaft« dar und könne deshalb nicht die
Rechtsform einer GmbH in Anspruch nehmen. Sogar das
Konsistorium steuerte ein entsprechendes Gutachten bei: Die
Unterscheidung zwischen Bekehrten und Unbekehrten entspre-
che nicht den reformatorischen Bekenntnisschriften.

Doch schließlich bekam Krawielitzki Recht. In jenen Jahren
war er besonders auf die Gemeinschaft mit gleichgesinnten Amtsbrüdern angewiesen.

1908 verlegte Krawielitzki das Zentrum seines sich schnell ausbreitenden Werkes nach Marburg, wo er das Mutterhaus »Hebron« baute und das Brüderhaus »Tabor« gründete; auch das Mutterhaus »Hensoltshöhe« in Gunzenhausen geht auf ihn zurück. Das Werk übernahm weitere Krankenhäuser, Kinderheime und Schulen. Die Schwestern und Brüder zogen weit ins Land, um Gemeinschafts- und Bibelstunden zu halten. Als Missionare gingen etliche nach China oder Brasilien. Als Krawielitzki 1942 starb, hatte das Werk über 3000 Mitarbeiter.

Damit die erste Liebe nicht erlosch, sondern das Bildnis Jesu immer deutlicher zum Leuchten kam, arbeitete er an sich selbst und an den Schwestern, die er auf seinen zahlreichen Reisen besuchte. Diese hatten es sich zur Regel gemacht, ihrem »Vater« alle 14 Tage einen Brief zu schreiben und über ihre Siege und Niederlagen im Kampf um die Heiligung zu berichten. Er antwortete ihnen alle 14 Tage in einem Rundbrief.

Krawielitzki war in seinem Eifer ungeheuer erfolgreich. Aber dieser Eifer barg auch Gefahren in sich: Als Hitler 1933 an die Macht kam, sah er in ihm einen Gottgesandten. Das wird in Ansätzen verständlich, wenn man bedenkt, dass seine westpreußische Heimat 1920 zu Polen gekommen war. Durch den Verlust ihres Mutterhauses in Vandsburg waren 300 Schwestern heimatlos geworden, bis sie 1921 in Elbingerode eine neue Unterkunft fanden. Hitler hatte die Hoffnung auf Rückgabe der Heimat geweckt, die sich 1939 scheinbar erfüllte. Anders als manche anderen hielt Krawielitzki an dieser Hoffnung fest. Und seine Schwestern folgten ihm, sogar über seinen Tod hinaus, bis zum bitteren Ende. Es gab Stimmen, die ihn eindringlich warnten, auch aus dem PGB. Aber sie drangen bei ihm nicht durch. In dieser Sache hörte er nicht auf die Brüder. Doch Gott ist seinem Werk treu geblieben und ließ es dennoch nicht untergehen. – Gott sei Dank!

Erich Schnepel (1893–1986)

Friedrich E. Walther

Erich Schnepel, Jahrgang 1893, war 1920 als junger Theologe zum Pfarrer-Gebetsbund gestoßen. Es bedeutete für den PGB ein Geschenk, dass sich Erich Schnepel von Anfang an mit seinen vielen Gaben auch für andere Pfarrerinnen und Pfarrer einsetzte. Bis 1946 gehörte er zum Leitungskreis in der Mark Brandenburg. Danach übertrug ihm der Pfarrer-Gebetsbund – zusammen mit Dr. Theodor Brandt – die Gesamtverantwortung.

In der Rückschau auf sein Leben erkennt man, wie in seinem Lebenswerk verschiedene Faktoren durch Gottes Fügung segensreich zusammenkamen.

Erich Schnepel kannte die großen Visionen des 20. Jahrhunderts und die Begeisterung, mit der um die Jahrhundertwende eine neue Zeit begrüßt wurde. Aber er hatte auch sehr früh wahrgenommen, wie große Visionen sich als Illusionen erweisen können. In der Grenzerfahrung der Todesbedrohung wurde ihm die Einsicht geschenkt, dass allein Jesus Christus, als die Wahrheit Gottes, für uns Grund und Hoffnung unseres Lebens sein kann. Diese frühzeitige persönliche Klärung seines Lebens und Glaubens prägte seine ganze Verkündigung. Er verwies seine Zuhörer nie an Menschen oder große Gedanken. Er wachte bei seinem Dienst als Seelsorger darüber, »daß der andere nur nicht in meiner Seelsorge bleibt, sondern durch meinen Dienst in die Seelsorge Jesu geschoben wird für immer.«[82] An gleicher Stelle weist er der Seelsorge drei Ziele zu. Sie soll »zu Jesus führen, bei Jesus halten, das Leben mit Jesus entfalten.«[83]

Erich Schnepel konnte auch deshalb vielen Pfarrerinnen und Pfarrern ein hilfreicher Gesprächspartner werden, weil er auf dem Gebiet des Gemeindeaufbaus große Erfahrung besaß. In seinen »Briefen aus dem Berliner Osten« erzählt er vom Ringen um Menschen durch das Evangelium, vom Bau lebendiger Gemeinde.

Erich Schnepel sprach vom Gemeindeaufbau nicht in großen Konzepten. Stattdessen zeigte er die grundlegenden Schritte, die für jeden Gemeindeaufbau nötig sind. Es gilt, Menschen in die Nachfolge Jesu zu rufen, damit sie Jüngerinnen und Jünger wer-

Erich und Maria Schnepel

den. Es gilt, den Glaubenden zu helfen, dass sie sich als Brüder und Schwestern wahrnehmen und zusammenstehen. Und es gilt, sie auf ihre Gaben hin anzusprechen. Denn Jesus will jeden und jede in seinen Dienst stellen. Diese drei Aspekte der Gemeindearbeit – Jünger, Geschwister, Diener – standen Erich Schnepel immer vor Augen. Sie   prägten auch seinen eigenen Dienst. Er liebte es, in einer Dienstgemeinschaft mit anderen zusammenzuarbeiten. Wichtig war in allem die Ausrichtung auf Jesus, unseren Herrn. So fühlte man sich in der Nähe von Erich Schnepel frei und gleichzeitig ernstgenommen. Ganz besonders spürte man dies in den kleinen Bibel- und Gebetsgruppen, die er immer wieder anregte. Über ihren Wert konnte er sagen: »Die schönste Seelsorge erfolgt oft im gemeinsamen Austausch einer kleinen, vertrauten Schar von Kindern Gottes über der Bibel. Da erweist sich Jesus als das Haupt seiner Gemeinde, das durch seine Glieder einen feinen Seelsorgedienst füreinander gestaltet, ohne daß wir es oft wissen.«[84]

Die Ausstrahlung, die Erich Schnepel für die Pfarrerschaft in Deutschland gewinnen konnte, lag aber nicht allein in der

Klarheit seiner Verkündigung und in der reichen Erfahrung, die er – vor allem auch in der Berliner Stadtmission – gewonnen hatte. Sie wurde auch dadurch möglich, dass ihn seine jeweilige Gemeinde freigab, anderen zu dienen. Dies ist keineswegs selbstverständlich. Man kann es der Gemeinde im Osten Berlins und später der Gemeinde in Großalmerode nicht hoch genug anrechnen, dass sie hier zurücktrat und ihren Pfarrer und seine Frau über viele Wochen in andere Gemeinden und Kirchen ziehen ließ. Erich Schnepel konnte von diesen Zeiten schreiben: »Oft waren wir wochenlang von der Gemeinde abwesend. Aber es schien ihr kein Opfer zu sein, ihren Pfarrer so lange abzugeben. Gott hatte ihr eine überraschende Liebe zu den Pfarrern ins Herz gegeben.«[85]

Die Plattform, auf der Erich Schnepel nun seine reichen Gaben auf dem Gebiet der Verkündigung und Seelsorge einbringen konnte, war, neben seiner Gemeinde, der Pfarrer-Gebetsbund. So konnte Erich Schnepel auf vielen PGB-Tagungen – sogar bis hin nach Rumänien, Lettland, Estland und der Schweiz – der Pfarrerschaft dienen. Als nach 1945 die Tagungsarbeit für Pfarrer wieder aufgenommen wurde, hatten viele der Teilnehmerinnen und Teilnehmer schwerste Lebenserschütterungen hinter sich. Sie waren ganz besonders offen für die Botschaft des Evangeliums und einen Neuanfang im Glauben. Erich Schnepel konnte sich von Herzen freuen, »wenn ein Pfarrer in seinem Leben mit Jesus Christus wieder frisch wird und eine neue Schau für seinen Dienst empfängt«.[86]

> Erich Schnepel konnte sich von Herzen freuen, »wenn ein Pfarrer in seinem Leben mit Jesus Christus wieder frisch wird und eine neue Schau für seinen Dienst empfängt«.

Bis ins hohe Alter diente er auf Tagungen und durfte Hilfen anbieten gegen die drei großen Gefahren im Pfarrerleben: gegen die Vereinsamung, gegen die Oberflächlichkeit und gegen die Resignation.

Otto Rodenberg (1920-1996)

Albrecht Becker

Otto Rodenberg gehört zu den markantesten Persönlichkeiten der Geschichte des PGB. Er war ein hochbegabter Schüler und ein leidenschaftlicher Gemeindepfarrer, dem jedes einzelne Gemeindeglied wichtig war. Er war ein fähiger Lehrer, ein hervorragender Theologe, ein flotter Autofahrer, ein Rettungsschwimmer, der Jugendliche anleitete, ein ausgezeichneter Klavierspieler und ein Mann mit weitem Horizont. Er konnte mit Professoren diskutieren und schwer erziehbaren jungen Männern die biblische Botschaft nahe bringen.

Geboren wurde er am 20. August 1920 in Eisenach. Die Schatten der Trennung der Eltern legten sich über die Familie. Nach dem Abitur kam er zur Marine und wurde Offizier zur See. Er heiratete eine Klassenkameradin, aber sie kam nach nur sehr kurzer Ehe im brennenden Stettin um, so dass er mit Anfang 20 bereits verwitwet war. Die dann später folgende zweite Ehe blieb lange kinderlos, bis dann drei Töchter geboren wurden.

Waren es die Kriegsfolgen, die ihn zum Theologiestudium brachten? In Marburg wurde Otto Rodenberg zum Schüler Rudolf Bultmanns und Anhänger seiner existentialen Interpretation. Er trat in den Dienst der evangelischen Landeskirche in Kurhessen-Waldeck und war viele Jahre Pfarrer des Kirchspiels Rengshausen.

Persönlich erfahrene Seelsorge brachte den Durchbruch im theologischen Denken und ein neues Verhältnis zur Heiligen Schrift. Zeugnis dieser persönlichen Schritte gibt sein Buch: »Um die Wahrheit der Heiligen Schrift« (s. u.).

Nachdem im Jahr 1961 Erich Schnepel, Otto Michel und Hermann Risch die Ferienseminare für Theologiestudenten begründet hatten, arbeitete Otto Rodenberg gelegentlich als Referent mit. Nach dem frühen Tod von Hermann Risch im Jahr 1965 leitete Otto Rodenberg die Seminare über viele Jahre. Hier kam es auch zu einer theologischen Weggemeinschaft mit Otto Michel. Zunächst fanden die Ferienseminare an verschiedenen Orten in Deutschland statt, z. B. in Bad Salzuflen, dann später in Rengshausen, wo während der Amtszeit Otto Rodenbergs eine neue Kirche gebaut wurde. Sie konnte als Mehrzweckraum benutzt werden und bot günstige Voraussetzungen für die Arbeit der Ferienseminare. Otto Rodenberg wollte mit dem Veranstaltungsort Rengshausen die Seminare an eine konkrete Gemeinde binden und ihnen somit ein Stück »Bodenhaftung« verleihen. Dies blieb lange Zeit das Proprium der Ferienseminare der PGB. Wichtig blieb für Otto Rodenberg im theologischen Gespräch, im Forschen in der Schrift und in seinem Denken der Bezug zum Judentum und zum jüdischen Denken. Auch hierin war er Otto Michel verbunden.

Aus der Auseinandersetzung um die existentiale Interpretation und um das Bekenntnis der Kirche entstanden seine Bücher: »Um die Wahrheit der Heiligen Schrift« (1962), »Der Sohn« (1963) und »Das unvergleichliche Wort« (1964). Otto Rodenberg entdeckte, dass insbesondere der Pietismus und die Gemeinschaftsbewegung, aber auch die Bekenntnisbewegung »Kein anderes Evangelium«, deren kurhessischer Vorsitzender er war, unbedingt der klaren biblischen Lehre bedurften. Aus dieser Erkenntnis erwuchsen seine Bibelarbeiten und Lehrevangelisationen, in denen er biblische Bücher auslegte. So entstanden die Bücher: »Die Gemeinde Jesu Christi und die Bibel« (1966), »Umkämpftes Evangelium, eine Lehrunterweisung anhand des Galaterbriefes« (1967), »Der Weg Gottes, Beiträge zum rechten Reden von Gott« (1968) und »Wort und Geist« (1969).

Otto Rodenberg erkannte – als an Martin Luther geschulter Theologe – auch Gefahren im Pietismus und in der Gemeinschaftsbewegung. Es war ihm wichtig, das reformatorische Erbe im Pietismus zu bewahren. Als lutherischer Theologe unterschied er Gesetz und Evangelium, ohne die beiden in ihrer Beziehung zueinander zu trennen. Dasselbe Wort wirkt beim einen als Gesetz, beim anderen als Evangelium. Aus diesem Grund haben wir Menschen nicht zu entscheiden, was nun Gesetz und was Evangelium ist. Er sah deutlich die Gefahr der Gesetzlichkeit und falscher Alternativen sowie die Gefahr der Rückkehr des »freien Willens«. Daraus entstand 1969 die Schrift: »Pietismus – quo

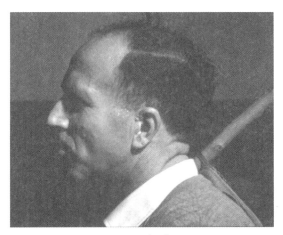
Otto Rodenberg

vadis?« Sie reizte zur Diskussion und machte bereits im folgenden Jahr eine Neuauflage erforderlich.

Nach dem Tod von Hermann Risch nahm Otto Rodenberg das PGB-Büro zu sich nach Rengshausen. So wurde Rengshausen zum Zentrum der Bruderschaft, zum theologischen Studienort, an dem er sich mit einem kleinen Kreis engagierter Theologen (Hermann Hafner, Helgo Lindner, Klaus Haacker u. a.) zu kleinen, intensiven theologischen Arbeitsgemeinschaften traf, zur Heimat der Ferienseminare und später zur Redaktionsstube der Theologischen Beiträge.

Otto Rodenberg war unermüdlich unterwegs zu Tagungen der PGB, zu Vorträgen und Bibelarbeiten im Rahmen der Bruderschaft und weit darüber hinaus, in Deutschland und im Ausland. Er hielt auch den Kontakt zu den Geschwistern in der DDR.

Otto Rodenberg war es wichtig, sich nicht über den Niedergang der Theologie zu beklagen, sondern selbst theologisch zu arbeiten, in das theologische Gespräch einzugreifen, Positionen zu beziehen und die Diskussion aufzunehmen. Dies alles geschah neben einem Gemeindepfarramt, das ein Kirchspiel mit 5 Orten umfasste. Aus diesem Anliegen und auf dem Hintergrund der Ferienseminararbeit entstand die Zeitschrift »Theologische

Beiträge«, die sich inzwischen zur auflagenstärksten theologischen Zeitschrift im deutschsprachigen Raum entwickelt hat. Ab Heft 1 (Jahrgang 1970) zeichnete er selbst als Schriftleiter. Als Zielsetzung nannte er: »Theologie und Glauben, Lehre und Leben, Studium und Pfarramt, Wahrheit und Wirklichkeit beieinander zu halten und miteinander zu verantworten.« Er wollte der Gemeinde die Theologie erschließen und Theologie im Horizont der Gemeinde treiben. Ab Heft 2/72 gab er die Schriftleitung ab, gehörte aber dem Herausgeberkreis bis zu seinem Tod am 11. August 1996, 9 Tage vor seinem 76. Geburtstag, an.

Zielsetzung war: Theologie und Glauben, Lehre und Leben, Studium und Pfarramt, Wahrheit und Wirklichkeit beieinander zu halten und miteinander zu verantworten.

Otto Rodenberg hat auch mich geprägt und beeindruckt. In einzigartiger Weise sah ich bei ihm die Verbindung der Theologie Martin Luthers (Otto Rodenberg besaß die Weimarer Lutherausgabe!) mit dem Anliegen des Pietismus. Ich begegnete in ihm einem Gemeindepfarrer, der Vollbluttheologe war und blieb.

Otto Rodenberg hatte klare Vorstellungen. Das machte es oft nicht einfach für diejenigen, die diesen Vorstellungen nicht folgen konnten. Er konnte auch verletzen. Was mich aber am meisten beeindruckte, war die Art und Weise, wie Otto Rodenberg nach einem tiefen Zerwürfnis mit der Bruderschaft den Weg zu ihr und zu den Brüdern zurückfand. Im Gefolge einer Krankheit und heftiger vor allem persönlicher Auseinandersetzungen und Meinungsverschiedenheiten zwischen ihm und anderen leitenden Brüdern trat Otto Rodenberg von allen Ämtern zurück. Seine cholerische Art hat es nicht immer leicht gemacht, auf Dauer mit ihm zusammen zu sein und zusammenzuarbeiten. Sein weiterer Weg führte ihn für wenige Jahre in ein bayrisches Diakonissenmutterhaus und danach in eine kleine oberfränkische Gemeinde. Er war aber wohl selbst dabei nicht glücklich.

Er blieb Mitglied der Bruderschaft, hat jedoch seine theologische Arbeit und sein Mühen um die junge Theologengeneration kaum mehr im Verbund mit der PGB betrieben. Er fand neue Weggenossen und arbeitete mit Erich Lubahn und Otto Michel bei

Ferienseminaren in Walddorfhäslach zusammen. Aber mehr als seine bewundernswerte und umfangreiche Arbeit hat mich ergriffen, wie er um Vergebung bitten konnte, einen neuen Anfang suchte und dabei auch Wege zu dem Bruder, dessen Vater er hätte sein können, suchte. Auf einer Vorstandstagung der PGB kam das Verhältnis zwischen Otto Rodenberg und der Leitung der Bruderschaft wieder in Ordnung.

Die PGB hat Otto Rodenberg viel zu verdanken. Er gehört zu denen, die den Weg der PGB besonders prägten und sie voranbrachten. Er stellte ihr neue Aufgaben und bewahrte sie davor, in einem frommen Naturschutzgebiet zu leben. Er hat entscheidende Weichen gestellt und ist aus der Reihe der Väter unserer Bruderschaft nicht wegzudenken.

Theo Schnepel (1920–1996)

Helmut Heiser

Theo Schnepel wurde am 17. Februar 1920 in Berlin-Friedrichshain geboren und dort mit Spreewasser getauft (worauf er immer wieder einmal hinwies, wenn es galt, sehr direkt und ohne Umschweife etwas zu sagen). Seit 1937 arbeitete der Sohn von Erich Schnepel engagiert in der Berliner Stadtmission mit sowie in der DCSV unter Leitung von Pfarrer Hanns Lilje. Das Abitur legte Schnepel, der der HJ nicht beigetreten war, Ostern 1938 am Gymnasium zum Grauen Kloster ab. In Tübingen und Berlin studierte er Theologie. Als Soldat wurde er in Russland verwundet und lag in Zwickau und Köpenick im Lazarett. Schließlich geriet er in britische Kriegsgefangenschaft. Seit 1945 nahm er Aufgaben in der Ev. Kirche von Kurhessen-Waldeck wahr. In den beiden darauffolgenden Jahren arbeitete er als Assistent bei Professor Fezer in Tübingen, bis er 1947 die zweite Pfarrstelle sowie das Jugendpfarramt an der Martinskirche in Kassel übernahm. Am 20. Mai 1948 heiratete er Dorothea Goes. 1951 kam er als Pfarrer nach Dagobertshausen, Elfershausen und Hilgershausen, bis er 1956 in den Dienst des Deutschen Gemeinschafts-Diakonieverbandes

Marburg wechselte. 1958 wurde Theo Schnepel zum Leiter des Diakonissen-Mutterhauses »Hebron« in Marburg-Wehrda berufen. Am 8. November 1986 trat er in den Ruhestand.

Nach vorübergehendem Aufenthalt in Kassel-Wilhelmshöhe, wo er bis 1989 als Krankenhausseelsorger am dortigen Burgfeldkrankenhaus des Deutschen Gemeinschafts-Diakonieverbandes tätig war, kehrte er nach Wehrda zurück und engagierte sich in der dortigen Gemeinschaft innerhalb der Landeskirche. In Oberstdorf war er immer wieder gern gehörter Kurprediger. Am 13. Februar 1996 berief Gott Theo Schnepel aus diesem Leben ab. Das Wort »Christus ist unsere Hoffnung« steht bis heute auf seinem Grabstein.

Von 1963 bis 1980 war Theo Schnepel der 1. Vorsitzende der Pfarrer-Gebetsbruderschaft. In dieser langen Zeit hat er sich nicht nur überaus selbstlos der ihm anvertrauten Schwesternschaft mit in den sechziger Jahren etwa 800 Diakonissen gewidmet, sondern auch sehr umsichtig und verbindlich die Pfarrer-Gebetsbruderschaft geleitet.[87] In diese Zeit fiel z. B. der Beginn der Herausgabe der Theologischen Beiträge und die nicht einfachen theologischen Auseinandersetzungen mit der sogenannten »Entmythologisierung« der Botschaft der Bibel. Durch die Verlegung der Geschäftsstelle der PGB von Rengshausen nach Marburg wurden die Wege dorthin kurz. Der Kontakt mit Ingrid Pfeil, der langjährigen Sekretärin der PGB, war damit durch viele Begegnungen in der landeskirchlichen Gemeinschaft, der Theo Schnepel ebenfalls angehörte, jederzeit organisch gegeben. Die Besuche der Stationen des Diakonissen-Mutterhauses »Hebron« ließen sich ebenfalls leicht mit kurzen Besuchen bei den Brüdern und in den Familien der Bruderschaft organisieren. Und konnte Theo Schnepel persönlich nicht kommen, griff er sehr gern und oft zum Telefon. Er war ein Meister der Beziehungspflege. Er war jemand, der andere sehr gut mit einbeziehen konnte in das Netzwerk der Bruderschaft. Besonders um die Jüngeren hat er sich bemüht und dabei die Älteren nie aus dem Auge und Herzen verloren. Tagungsgestaltung war für ihn Herzenssache. Die Kontaktpflege auch während der Zeit des »eisernen Vorhangs« auf der Gesamtebene der Bruderschaft und besonders zwischen den Regionen Hessen und Thüringen hat er immer wieder konkret werden lassen.

Theo Schnepel

Dabei kümmerte er sich auch persönlich um Einzelne oder delegierte die Kontakte entsprechend, damit geistliche und materielle Hilfe geleistet werden konnte. Dazu kam sein kontinuierliches Engagement in einem der Marburger Kleinkreise, dem »Marburger Südkreis«, während Pfr. Heinz-Jochen Schmidt, ebenfalls Mitarbeiter im Diakonissen-Mutterhaus Hebron, den »Marburger Nordkreis« moderierte.

Theo Schnepel war einer, auf dessen Beitrag man hörte, dessen Predigten nie zu lang waren, aber immer zentral:[88] Es ging ihm um das Evangelium. Deshalb suchte er die Menschen auf.

Es ging ihm um das Evangelium. Deshalb suchte er die Menschen auf.

Immer war er unterwegs, um Menschen zu verbinden, um Frieden zu stiften und wenn es galt, auch in schwierigen Situationen unmissverständlich auf das Wort Gottes hinzuweisen. Er wandte sich nicht nur den »kleinen Leuten« zu, sondern er sah und suchte die Begegnung auch mit den Menschen, denen Aufgaben mit hoher Verantwortung in Kirche, Politik, Wirtschaft und Gesellschaft zukamen. Theo Schnepel war ein Mensch mit weitem Horizont und er war zugleich von minutiöser Präzision und seltener Genialität. Ein weites Herz war eingebettet in eine verbindliche Jesusbeziehung. Ein heller, wacher Geist in kindlichem Glauben. Er konnte sehr seelsorgerlich sein, manchmal sogar überaus ängstlich; aber er war auch entschieden und scheute sich nicht, Kritik zu üben, wenn sie aus seiner Sicht angebracht war.[89]

Im Mittelpunkt seines Lebens stand Jesus. Er sollte größer und wichtiger sein als alles andere.

Otto Michel (1903-1993)

Helgo Lindner

Otto Michel entstammte einer lutherisch-pietistischen Kaufmannsfamilie in Wuppertal-Elberfeld. Er hatte einen strengen Vater, der das Kind eher einsam werden ließ, als dass er es in seiner ausgeprägten Sensibilität verstand.

Davon – und von seinem ganzen Lebensweg – berichtet Michel eindrucksvoll in seiner Autobiographie »Anpassung oder Widerstand«.

Sein Weg ist über das Studium in Tübingen und Halle gegangen, wo er durch die Hallenser biblische Theologie (Tholuck, Kähler) tief geprägt wurde, insbesondere durch Julius Schniewind. Erste Lehrtätigkeit, Leitung des Tholuck-Konviktes, Studenten- und Klinikseelsorge fielen in diese Zeit, auch seine Eheschließung mit Ilse geb. Schubring sowie seine Bindung an die Bekennende Kirche (Nähe zu Ernst Wolf). 1934/35 war er ein gutes Jahr Gemeindepfarrer in Lüdenscheid, dann wieder theologischer Lehrer in Halle. 1940 wurde er zur Vertretung des neutestamentlichen Lehrstuhlinhabers nach Tübingen berufen, von 1943 an erlebte er die letzte Zeit des Krieges als Soldat. Erst nach dem Krieg bekam er eine Professur. Seine großen Kommentare zum Hebräerbrief und Römerbrief haben ihn international bekannt gemacht. Darüber hinaus wurde vor allem die Neuausgabe und Übersetzung von Flavius Josephus, »Der Jüdische Krieg«, bekannt

(3 Bände; Darmstadt 1959–69). Am 28. Dezember 1993 ist er im Alter von 90 Jahren in Tübingen gestorben.

Michels Lebenswerk ist vor allem mit Prozessen und Entscheidungen der Nachkriegszeit verbunden:

– Es ging um das Entmythologisierungsprogramm Rudolf Bultmanns, das ihn nach vielen Kämpfen 1952 zu einem entschiedenen Nein führte. Bis dahin hatte er die wissenschaftliche Solidarität mit Bultmann an die erste Stelle gesetzt. Sein nachträgliches »Kritisches Wort« zu einem harmonisierenden Gutachten der Fakultät hat bei ihm eine Profilierung in Gang gesetzt, die ihn in den 60er und 70er Jahren zum vielleicht wichtigsten theologischen Lehrer einer bedrängten Kirche werden ließ.

– Es ging um seine Solidarität mit pietistischen bzw. evangelikalen Gruppen, z. B. um den Kampf, den die SMD um ihre Stellung in Tübingen auszutragen hatte.

– Es ging um eine Neubewertung der jüdischen Überlieferung, die 1957 in der Gründung des Institutum Judaicum ihren Ausdruck fand. Häufig ist Otto Michel mit seinen Studenten in den Nahen Osten und nach Israel gereist.

In diesen Prozessen hat Michel das ihm eigene theologische Profil entwickelt, das ihn auch außerhalb der Universität zu einem hervorragenden Lehrer der Bibel im Raum der glaubenden Gemeinde werden ließ – auch über die evangelischen Kirchen hinaus. Er stieß häufig auf Unverständnis vonseiten seiner Fachkollegen, so dass er, wie auch seine Freunde, oft einen einsamen Weg zu gehen hatte. Daher suchte er – sichtlich eine Konsequenz seines Neins zu Bultmanns Theologie – die Gemeinschaft mit den bekennenden Gemeinschaften und vor allem theologische Lehrmöglichkeiten neben der Universität, die er mit aufbaute. Das waren v. a. die Ferienseminare der PGB (1961) und später die Gründung des Bengel-Hauses, die seiner Initiative bzw. Unterstützung Entscheidendes verdankten.

Die Ferienseminare (neben Holzhausen besonders auch in Langensteinbach bei Calw) waren sein hauptsächliches Wirkungsfeld. Von 1961 bis 1988, also 17 Jahre über seine Emeritierung (1971) hinaus, hat er hier theologische Grundlagen- und Aufbauarbeit geleistet, deren Früchte aus dem Leben der/des PGB

Otto Michel

nicht wegzudenken sind. Den Aufbau der »Theologischen
Beiträge«, hat er führend mitverantwortet und als einer der Haupt-
herausgeber ihren Weg lange Jahre geprägt. Daneben haben
andere Gruppen, besonders die SMD, viel von ihm empfangen.
Das persönliche intensive Bemühen um Menschen und ein charismatischer Durchblick in komplexen Situationen waren ihm
eigentümlich, auch wenn er in einfachen Dingen des menschlichen Lebens oft eigenartig und schwierig war.

Unübersehbar ist in Michels Lebenswerk sein Einsatz für ein
neues Verstehen der jüdischen Überlieferungen innerhalb der
Kirche und der Theologie. Hier ging er weit über die Ansätze seiner Lehrer hinaus – auch im Ernstnehmen heutigen jüdischen
Glaubens und Lebens. Die Erwählung Israels sowie das Verstehen
Jesu und des Neuen Testaments im Kontext des antiken Judentums
durchziehen seine ganze wissenschaftliche Arbeit: »Jesus der
Jude« ist eines seiner zentralen Themen. »Ich habe neben christlichen immer auch jüdische Lehrer gehabt«, konnte er wiederholt
betonen. Die (im Christustitel erhaltene) Messianität meint für ihn
nicht irgendeine Hoheit, sondern konkret die »Wiederherstellung

Israels«, und ist auf diese Weise eine bleibende Verbindung zwischen der Kirche und ihren jüdischen Wurzeln. Aus dem Gegenüber zu Bultmann und allen Versuchen, biblische Denkformen als mythisch abzustreifen, erwuchsen seine immer wieder ansetzenden Versuche, ein »hebräisches« Denken zu beschreiben, das die Eigenart der Bibel besser trifft als eine philosophische oder auch dogmatische Sprache, die beide wesentlich der abendländisch-griechischen Überlieferung verpflichtet sind.

Im Kontext der Nachkriegssituation ist Michel einer der Vorkämpfer des christlich-jüdischen Dialogs gewesen, z. B. als Mitglied der EKD-Studienkommission »Christen und Juden«. Die »Israeltheologie«, die in diesen Kreisen entwickelt wurde (Gollwitzer, Marquardt, Klappert u. a.), hat für ihn aber nie zu einer Minderung der Bedeutung Jesu oder einer Relativierung des neutestamentlichen Zeugnisses geführt.

Nicht nur in seiner Autobiographie, sondern auch bei ungezählten Gelegenheiten auf Tagungen und Freizeiten hat Otto Michel lebendig und spannend aus seinem Leben erzählt, von Kähler und Schniewind in Halle, von Hermann Gunkel, dem Vater der formgeschichtlichen Methode, von seinen Begegnungen mit Juden in Palästina, von Schlatter und Heim in Tübingen, von seinen Erfahrungen als Krankenhaus- und Studentenpfarrer und auf Tagungen, von seinem Verhältnis zu Württemberg oder Tübingen. Aus Michels Arbeit mit dem Deutschen Christlichen Technikerbund stammt die schöne Sammlung von Andachten und Betrachtungen »Aufsehen auf Jesus« (5. Aufl. 1996 mit einem informativen Geleitwort von Rainer Riesner).

»Ich bin bereit, jeden Weg mitzugehen, der uns die menschliche Seite der Schrift besser zu verstehen lehrt, aber ich bin nicht bereit, der Bibel ehrfurchtslos zu begegnen.« Dieser Satz, den Michel 1957 innerhalb einer Bibelarbeit über 2. Tim. 3 auf einer SMD-Freizeit in Neresheim sagte, hat sich mir für immer tief eingeprägt.

Von einer Tonbandaufzeichnung (Schorndorf März 1989) gebe ich das folgende Zitat über den Kampf um die Entmythologisie-

> **»Ich bin bereit, jeden Weg mitzugehen, der uns die menschliche Seite der Schrift besser zu verstehen lehrt, aber ich bin nicht bereit, der Bibel ehrfurchtslos zu begegnen.«**

rung und seine Verbindung mit dem großen Tübinger Lehrer Karl Heim wieder: »… ich weiß, dass letztlich auch heute noch weithin mein Kampf gegen die Entmythologisierung vergeblich ist. Die Mehrzahl der neutestamentlichen Professoren macht selbstverständlich die Entmythologisierung mit. Aber ich konnte es nicht, weil die Bibel dadurch den Menschen verloren ging. Und zwar der Text. Man hatte einen Schlüssel gefunden, mit dem man den Text interpretierte. Und das ist das Teuflische daran! Man darf nicht mit existentialistischen Kategorien einen biblischen Text interpretieren, sondern man hat sich unter den biblischen Text zu [stellen]. Der Einzige, der mich begriff, war Karl Heim. Und als er am 80. Geburtstag zur Fakultät sprach, da bekannte er sich ganz offen zum Kampf gegen die Entmythologisierung. (…) Die Stiftsverbindungen hörten auf, Bibelkreise zu bilden. Und dann begegnete mir ein Student, und der sagte mir ins Gesicht: Der Bibeltext interessiert mich nicht. Wir lernen, wie man die Bibel interpretiert. Und das ist das Gültige. Und da sagte ich: Das geht nicht. Es geht nicht so, dass man lernt, wie man die Bibel interpretiert, es geht nur so, dass ich mich dem Bibeltext ausliefere. Das war das erste Mal. Und dann: Die Studentengemeinden hörten auf, biblisch zu lehren. (…) Aber plötzlich hörten die Ev. Akademien, in denen ich überall gedient hatte, auf, biblische Exegese zu treiben. Sie hatten einen sozialethischen Umschwung erlebt. Wir wurden alle plötzlich als Referenten auf die Straße gesetzt …«

Systematisch-theologisch ist für Otto Michel die Geschichte immer ein zentraler Grundbegriff gewesen. Es ging ihm um den Weg Israels als Grundlage der neutestamentlichen Botschaft, um die Zusammengehörigkeit von Altem und Neuem Testament. Heilsgeschichte war für ihn aber nicht ein den Möglichkeiten der Forschung entzogener Bereich, denn das irdische Geschehen wird immer wieder transparent für Gottes Handeln und eine überweltliche Wirklichkeit, für die biblische Redeformen wie priesterliche und weisheitliche Rede, Prophetie und Apokalyptik unentbehrlich

»Ich bin bereit, jeden Weg mitzugehen, der uns die menschliche Seite der Schrift besser zu verstehen lehrt, aber ich bin nicht bereit, der Bibel ehrfurchtslos zu begegnen.«

bleiben. Der enge Anschluss an den Wortlaut der Bibel war für ihn innerste Verpflichtung. Er wusste um die Vielfalt und
Fülle von Spannungen in der Bibel, blieb

»Macht mir die
Bibel nicht anders
als sie ist.«

aber entschieden bei einem Satz, mit dem er in eigenen Worten
das Erbe J. G. Hamanns umschrieb: »Macht mir die Bibel nicht
anders als sie ist.«

Gerhard Klötzner (1907–1996)

Wolfgang Haller

1953 kam ich als Pfarrvikar nach Elterlein im Erzgebirge. Gerhard
Klötzner, Pfarrer im Nachbarort Scheibenberg, war mein General-
vikar. Als Bruder und Freund, geistlicher Berater und Seelsorger
bleibt er mir unvergessen. Sein Herz »brannte« für Jesus, für
»seine alte Magd, unsere liebe Mutter Kirche«, und für die Brüder
im Pfarramt. Seine geistliche Heimat war die PGB, und er warb
unter seinen Pfarrbrüdern fleißig für sie, – nicht um die Mitglie-
derzahlen zu erhöhen, sondern weil er selbst erfahren hatte,
welch große Bedeutung die Bruderschaft für ihn persönlich und
für seinen Dienst als Pfarrer hatte, und weil er dieses Geschenk
gern all den anderen auch zugute kommen lassen wollte.

Gerhard Klötzner war nach jahrelanger russischer Kriegsgefangenschaft schwerkrank heimgekehrt. Malaria und Angina pectoris
machten ihm zu schaffen, und der Arzt prognostizierte ihm eine
nur noch kurze Lebenserwartung. Das veranlasste ihn, von einer
Ehebindung abzusehen, was nicht nur seine betagte Mutter sehr
bedauerte, sondern auch ihm selbst sehr schwer fiel. Denn
Gerhard Klötzner war weder frauen- noch familienfeindlich.
Voller Herzlichkeit nahm er am familiären Ergehen seiner Amtsbrüder teil, betete für sie, ihre Frauen und ihre Kinder in ganz großer Treue und kannte nicht nur Namen und Geburtstage seiner
zahlreichen Patenkinder, sondern auch der Kinder aus den Pfarrfamilien. Für unsere Kinder war der Mann mit dem merkwürdigen
Namen der »Onkel Bauklötzer«.

Gerhard Klötzner

Zu seinen besonderen Gaben gehörte es, die Begabungen seiner Gemeindeglieder, aber auch seiner Amtsbrüder – Amts-
schwestern hatten wir damals noch kaum – zu erkennen und
sofort zu aktivieren. Wer ihm zu nahe kam, hatte sofort eine
Aufgabe, einen Dienst oder ein Amt in der Gemeinde bzw. in der
Bruderschaft »am Hals«, und in den meisten Fällen funktionierte
das auch. Dieser Gabe verdankte seine geliebte Kirchgemeinde
St. Johannis zu Scheibenberg mit Oberscheibe außerordentlich
viel. Dasselbe gilt für die PGB. Immer wieder lud er zur Teilnahme
am monatlich stattfindenden PGB-Kleinkreis der Ephorie ein, und
tat das so wenig aufdringlich, aber so liebevoll eindringlich, dass
man der Einladung nur schwer widerstehen konnte. In den Zeiten
politischer Bedrängnis war ihm – wie auch mir und vielen anderen Pfarrbrüdern – gerade dieser Kleinkreis eine große Stärkung
und Hilfe. Da wurden nach Bibellese und Austausch auch die persönlichen, gemeindlichen und politischen Beschwernisse benannt
und in der Fürbitte, damit kein Anliegen verloren ging, vom
jeweils rechten Nachbarn aufgenommen und im Gebet vor Gott

gebracht, während jeder vor seinem Stuhl kniete. Als es um 1959 im Gefolge des Strukturwandels in der PGB (bruderschaftliche Gestaltung) zu einem Eklat mit dem sächsischen Vertrauensmann kam, bat der Bezirks-Arbeitskreis Gerhard Klötzner, die Leitung zu übernehmen. Von da an fanden die sächsischen Bezirksrüsten im jährlichen Wechsel zwischen Kurort Rathen und Scheibenberg statt. Die meisten PGB-Geschwister begrüßten das dankbar. Die Kirchgemeinde Scheibenberg hat sich dabei mit viel persönlichem Einsatz zahlreicher Gemeindeglieder außerordentlich stark engagiert. Ohne Gerhard Klötzners persönliches Engagement wäre das aber unmöglich gewesen. Auch als er aus Altersgründen den Vorsitz im Gesamtarbeitskreis DDR abgeben musste, nahm er weiterhin mitbetend und mitberatend am Leben der Bruderschaft teil und ließ sich über die Beschlüsse der Arbeitskreise informieren.

Viele PGB-Brüder und Schwestern in Ost und West denken mit großer Dankbarkeit an Gerhard Klötzner als ihren Seelsorger und väterlichen Freund zurück.

Horst Baldeweg

Meine Anfänge in der Bruderschaft reichen in die Jahre 1955/56 zurück, d. h. unmittelbar in die Zeit nach meiner Ordination. Bei der Entlassung aus der Kriegsgefangenschaft in England hatte ich die Wahl, in den Westen Deutschlands oder in den Osten zu gehen. Ich entschied mich für den Osten, nicht nur, weil Sachsen meine Heimat war. In der sowjetischen Besatzungszone wollte ich das Evangelium verkündigen und wusste: Dazu werde ich gebraucht.

In der Gefangenschaft hatte ich bereits drei Semester Medizin studiert. Denn ursprünglich wollte ich Arzt werden. Aber inzwischen war für mich die »Wende« gekommen. Ich konnte mich im letzten der vier Jahre hinter Stacheldraht ins Theologenlager »Norton-Camp« versetzen lassen, wo ich dann u. a. in Vorbereitung

> **In der sowjetischen Besatzungszone wollte ich das Evangelium verkündigen und wusste: Dazu werde ich gebraucht.**

Horst Baldeweg

meines künftigen Studiums das humanistische Abitur ablegte. So wurde ich mit dem Reifezeugnis und wunderbaren Verheißungen ausgerüstet repatriiert. Zuvor unbewusst, fortan aber ganz klar, stand mein weiteres Leben unter Gottes Führung. Da ich politisch nicht angepasst war, durfte ich in Leipzig nicht zum Studium. So war ich gezwungen, an die Kirchliche Hochschule nach Berlin-Zehlendorf zu gehen – sehr zu meinem Vorteil! Das Examen fand dann in Leipzig statt. Meine erste Pfarrstelle bekam ich in Annaberg-Buchholz an der herrlichen St. Annen-Kirche.

Das Besondere im »frommen« Erzgebirge war damals, dass der Konvent geschlossen zur PGB gehörte. Selbstverständlich war auch Bruder Auenmüller, mein erster Superintendent, mit dabei. Die Brüder Gerhard Klötzner und Rudolf Wehlmann waren damals die Moderatoren der Bruderschaft – über den Konvent hinaus für ganz Sachsen. Inzwischen gab es längst die DDR. Und für uns PGBler war es selbstverständlich, wenn politische Wahlen anstanden, nicht hinzugehen. Damit waren wir als »schwarze Schafe« abgestempelt. Aber die Gemeinden standen hinter uns. Jeder von uns Brüdern musste jeweils vor den Wahlen stundenlange Hausbesuche von SED-Funktionären über sich ergehen lassen. Weil wir uns in der Bruderschaft einig waren, konnten wir aber standhaft bleiben. Wer dennoch zur Wahl ging, wusste, dass er damit vielen Brüdern in den Rücken fiel.

Als ich mich 1962 aus Gründen der Familienzusammenführung um die Pfarrstelle an der Stadtkirche in Jena bewarb und damit in die Thüringer Landeskirche umsiedelte, änderte sich meine Situation deutlich. In dem großen Konvent der Saalestadt war ich der Einzige, der zur PGB gehörte. Und als wieder eine politische Wahl anstand, ging außer mir nur noch einer nicht hin. Das hatte Folgen. Ich war nun wirklich *persona ingrata* – leider, wie sich herausstellte, auch bei der Kirchenleitung in Eisenach. Von unseren drei Söhnen durften zwei wegen meiner politischen Einstellung kein Abitur machen – der Älteste nur durch glückliche Umstände und besonders gute Leistungen. Unser mittlerer Sohn wurde dreimal – de facto zu Unrecht – zu Gefängnishaft verurteilt, weil man – lt. Stasi-Akten – mich damit abstrafen wollte. Auch und gerade in diesen schweren Jahren habe ich Stärkung und Rückhalt in und durch die Bruderschaft erfahren. Die brüderliche Übereinstimmung in Glaubens- und Bekenntnisfragen gab mir und meiner Frau Anna-Dorothea in der PGB eine gewisse Geborgenheit und die Bestätigung, auf einem guten und richtigen Weg zu sein. In unserer inzwischen groß gewordenen Familie gibt es bis heute keinen Mangel. Und nach allem, was wir bis zur Wiedervereinigung Deutschlands erlebt haben, gilt für uns das Wort besonders, das Josef zu seinen Brüdern gesagt hat: »Ihr gedachtet es böse mit mir zu machen, aber Gott gedachte es gut zu machen« (Gen. 50,20).

Eberhard Becker

Mein Vater hatte dem gesegneten Dienst des Seelsorgers und Vorsitzenden des CVJM in Berlin sehr viel zu verdanken: dem Forstmeister Eberhard von Rothkirch. Nach ihm nannte er seinen ersten Sohn »Eberhard«. Er hoffte, der Junge würde einmal ebenso ein Segen für die jungen Männer Berlins werden. Sein Wunsch ist so wohl nicht in Erfüllung gegangen. Zugleich ist damit aber etwas anderes deutlich: Ich hatte betende Eltern. Mein Vater war Bankbeamter; weil er nicht der Nazi-Partei beitrat, blieb er eben immer nur »Inspektor«. Unsere Eltern haben uns drei Kindern einen treuen, tapferen Einsatz in der Gemeinde Jesu vorgelebt. Sie waren Säulen in der Pankower Missions-Gemeinde der Berliner Stadtmission, die damals weit über die Stadt hinaus geprägt war z. B. von Hans Dannenbaum, Erich Schnepel, Kurt Raeder, Rudolf Damrath und Paul Gerhardt Möller. Ich sehe mich noch mit einigen Posaunen in Berliner Hinterhöfen stehen. In unserer Wohnung wurden die Abendthemen einer Evangelisation zur Werbung auf Stoffbahnen aufgetragen. So mancher Gottesmann saß an unserem Wohnzimmertisch.

Den Krieg erlebten wir zu einem großen Teil im Luftschutzkeller; als Schüler war ich dann als Flakhelfer in der Nähe Berlins eingesetzt. Noch im Januar 1945 wurde ich Soldat, geriet aber nicht in russische oder amerikanische Kriegsgefangenschaft.

Kurz vor dem Abitur 1947 hörte ich in einer Predigt von Hanns Lilje zu Haggai 1 den Ruf Gottes, Verkündiger des Evangeliums zu werden. Ich begann das Theologie-Studium an der von der Bekennenden Kirche geprägten Kirchlichen Hochschule in Berlin-Zehlendorf. Gleich im Aufnahmegespräch stellte mir der Rektor, Martin Fischer, die Frage: »Sind Sie bereit, dafür ins Gefängnis zu gehen?« Zwar ist es dazu später nicht gekommen, aber meine umfangreiche Stasi-Akte schließt im Sommer 1989 mit einer genauen Anweisung, wie meine Verhaftung stattzufinden habe. Sie ist zwar nie ausgeführt worden, aber gedroht hätten mir viele Jahrzehnte Haft.

Im Studium wusste ich wie viele andere den ersten Satz aus

Bonhoeffers »Nachfolge« auswendig: »Billige Gnade ist der Todfeind unserer Kirche. Unser Kampf heute geht um die teure Gnade.«

Dass mich im Laufe meines Lebens noch andere Theologen beeindruckt haben, ist nahe liegend. Den zweiten Teil meines Theologie-Studiums absolvierte ich an der Humboldt-Universität in Berlin.

Meine erste Vikariatsstelle hatte ich in Lübben am Rande des Spreewaldes. Später ging ich nach Berlin-Buchholz, wo mich mein »Vikariatsleiter« in die Pfarrer-Gebetsbruderschaft einführte. Dabei lernte ich, als er einmal seine alten Freunde in Berlin besuchte, auch Erich Schnepel kennen. 1956, ich hatte schon meine erste Pfarrstelle in Schlabendorf bei Luckau, wurde ich bei einer Tagung im Diakonissen-Mutterhaus »Salem« in Berlin-Lichtenrade in die Pfarrer-Gebetsbruderschaft aufgenommen. Oft hielt uns Heinrich Kemner die Bibelarbeiten! Zusammen mit meiner Frau durfte ich bei Erich und Maria Schnepel in ihrer neuen »Heimstätte« in Großalmerode zu Gast sein. Ein besonderes Erlebnis war, dass ich 1957 als Delegierter zu einer gesamtdeutschen Tagung der Pfarrer-Gebetsbruderschaft nach Dassel fahren durfte, auf der Erich Schnepel uns die Notwendigkeit und den Segen bruderschaftlicher Arbeitskreise wichtig machte.

Wenn ich eben eine Reihe Namen genannt habe, dann ist das keine bloße Aufzählung, sondern diese Menschen haben mich beeindruckt und geprägt. Als »roten Faden«, der sich durch mein Leben zieht, könnte man die »erweckliche Verkündigung« bezeichnen. Von einer blutarmen theoretischen »Theologie« kann kein Leben ausgehen. Die seit den 50er Jahren erscheinenden Rezepte für »Gemeindeaufbau« suggerierten, dass das geistliche Leben durch Methoden machbar sei. Wenn aber das neue Leben kein Wunder Gottes mehr ist, sondern ausschließlich durch einen Willensentschluss entsteht, dann sind die zahllosen Aufrufe zur Freude, zum Einsatz, zum Durchhalten wie Früchte, die man (wie im sozialistischen Rumänien zu Propagandazwecken geschehen) an die Äste der Bäume bindet.

In der Pfarrer-Gebetsbruderschaft machte man gern einen Bogen

Eberhard Becker

um das Thema, was seit ihrer Gründung 1913 geradezu das »rote Tuch«, das »Schibbolet« war: die Bekehrung von Pfarrern. In den von Erich Schnepel verfassten »Lebenslinien« ist noch klar von »Bekehrung, Wiedergeburt und Heiligung im Pfarrerleben« die Rede. Aber später wurden diese Worte »umschrieben«, sprich: um-ge-schrieben und dann schließlich kurzerhand weggelassen. Ich bin dankbar, dass ich noch einige Verantwortliche in der PGB kennen gelernt habe, die deutlich von der Notwendigkeit der Bekehrung eines Pfarrers gesprochen haben. Dazu gehörten etwa Theo Schnepel und Helgo Lindner, insbesondere aber Werner de Boor. Was wir heute brauchen ist eine Gewissen-Weckende Verkündigung!

Was wir heute brauchen ist eine Gewissen-Weckende Verkündigung!

Nach einigen Jahren wurde ich der Vertrauensmann für (Ost-)Berlin und Brandenburg. Zusammen mit dem Bezirks-Arbeits-

126

kreis haben viele gesegnete Tagungen in Bad Saarow stattgefunden; der Andrang war nicht selten derart, dass wir jeweils zu zwei Tagungen einladen mussten. Wir fuhren so manches Mal nach Graal-Müritz zu den Pfarrern Mecklenburgs. Als Bezirks-Vertrauensmann gehörte ich auch zum (Ost-)Gesamtarbeitskreis. Diese Tage des geistlichen Lebens im gemeinsamen »Bete und arbeite!« sind uns im Lauf vieler Jahre zusammen mit Ringulf Siegmund und später mit Gerhard Klötzner zu einem besonderen Geschenk und Segen geworden – sowohl jedem persönlich als auch für die gesamte Bruderschaft zwischen Rügen und dem Erzgebirge. War unser heimischer Alltag ständig durch staatliche Kontrolle, durch Spitzel, durch das Abhören usw. belastet – im Gesamtarbeitskreis (GAK) war unter uns Vertrauen! Seit unserer Haupttagung im Oktober 1981 in Elbingerode hatte man mir dann die Aufgaben eines Vertrauensmannes für den Osten Deutschlands übertragen. Und wie das eben so ist: Manchmal waren wir ratlos und betroffen, dann wieder mutig und entschlossen, aber immer ging es wirklich brüderlich zu. Nur brüderlich? Nie kamen wir auf die Idee, etwa die Ehefrauen oder Pastorinnen auch nur in Gedanken von irgend etwas auszuschließen!

Durch die PGB habe ich auch Zugang zu anderen Arbeitsbereichen bekommen: Anfangs kümmerten sich einige Brüder der PGB allein um die Theologie-Studenten. Da das Gnadauer Gemeinschaftswerk eine parallele Arbeit tat, luden wir im Frühjahr und Herbst bald gemeinsam Theologiestudierende in die Bibelschule Falkenberg/Mark ein. Oft kamen Referenten aus dem Westen (nicht nur von der Studenten-Mission) herüber. Die Studenten-Mission fand ihre Fortsetzung in der Akademiker-Arbeit, zu der diejenigen eingeladen wurden, die inzwischen eine berufliche Anstellung und oft auch in die Ehe gefunden hatten. Oft durfte ich »Familien-Rüsten« durchführen. Als Vertrauensmann der PGB wurde ich öfter gebeten, auf den jährlichen Allianz-Konferenzen in Bad Blankenburg vor Tausenden, oft jungen Menschen konzentrierte Bibelarbeiten zu halten. Mehrfach wurde ich eingeladen, zu den Deutschen nach Rumänien, also zu den Siebenbürger Sachsen zu kommen. Bis vor dem 2. Weltkrieg hatten ja Karl Heim und Erich Schnepel dort gewirkt; an ihre Arbeit sollte nun durch die Pfarrer-Gebetsbruderschaft angeknüpft werden. Diese Treffen mit den Pfarrehepaaren und Gemeinden gehören (nicht nur wegen der abenteuerlichen Bahnreisen mit viel Gepäck) zu den beeindruckendsten und schönsten Erfahrungen meines Lebens.

Am Anfang deutete ich es schon an: Die Staatsicherheit der DDR hatte mich über lange Zeit im Visier. Ich durfte z. B. nie Pfarrer in meiner Heimatstadt Berlin sein. Und insbesondere meine Zusammenarbeit mit »Licht im Osten« brachte mir schließlich über 2 300 Seiten Stasi-Akten ein.

Allerdings haben dadurch viele Menschen in der Pfarrer-Gebetsbruderschaft und darüber hinaus uns sonst unzugängliche Literatur bekommen.

> »Was wir im Leben erreicht haben – die Gnade hat es getan. Was wir im Leben versäumt haben – die Gnade möge es vergeben.«

Im tätigen Ruhestand lebe ich jetzt zusammen mit meiner Frau in Berlin-Spandau. Wohin ich auch zurückblicke: Ich kann immer nur die große Treue Gottes rühmen. Zum Schluss möchte ich mit Hermann Bezzel sagen: »Was wir im Leben erreicht haben – die Gnade hat es getan. Was wir im Leben versäumt haben – die Gnade möge es vergeben.«

Helmut Burkhardt

Die ersten PGBler, die ich kennen lernte, waren Pastor Kelch und Superintendent von Sauberzweig. Ich war gerade erst, kurz vor meinem Abitur, Christ geworden und besuchte nun, inzwischen Rekrut bei der Bundeswehr in Hamburg-Iserbrook, die Gottesdienste der dortigen Kirchengemeinde, vor allem bei Pastor Kelch. Eine Predigt über Genesis 11 ist mir bis heute in eindrücklicher Erinnerung. In der Adventszeit führte dann die Hamburger Fackelträgergruppe in einer Jugendherberge, nicht weit vom Hamburger »Michel« gelegen, eine große missionarische Jugendfreizeit durch, bei welcher der schon alte (aber geistlich gar nicht alt wirkende!) Sauberzweig zu uns jungen Leuten sprach. Allerdings – bei beiden wusste ich damals noch nicht, dass sie zur PGB gehörten. Und hätte man es mir gesagt, ich hätte doch noch keine Ahnung gehabt, was das bedeutete.

Das änderte sich erstmals, als ich ein Jahr später Erich Schnepel kennen lernte. Ich war für einige Wochen in der Fackelträgerzentrale Capernwray in Nordengland. Einer der Gastredner war Dr. Dwight Wadsworth, damals Leiter der Fackelträgerarbeit in Deutschland, durch den ich Anfang 1959 zum Glauben gekommen war. Mit ihm zusammen kam Erich Schnepel nach Capernwray. Ich hatte damals gerade das erste Semester meines Studiums hinter mir, u. a. mit einer Vorlesung von Eduard Lohse über den Römerbrief, und fragte nun Erich Schnepel, welchen Kommentar zum Römerbrief er mir denn am ehesten empfehlen könne. Er verwies mich an den Kommentar von Otto Michel. Damit war eine neue Spur gelegt, die für mich später sehr wichtig werden sollte.

Im Jahr danach, ich hatte inzwischen das Studium der Altphilologie aufgegeben und war ganz zur Theologie übergewechselt, tauchte Helgo Lindner in unserem Kieler »Kleinkreis für Glaubensfragen des modernen Menschen« auf, der Keimzelle der späteren Kieler SMD. Er kam frisch von Tübingen, um in Kiel sein Studium abzuschließen. Wir kamen bald in engeren Kontakt. Er wurde mir fast so etwas wie ein erster theologischer Lehrer, einfach durch Gespräche und hilfreiche Hinweise. Der alles entscheidende Hinweis aber war der auf das erste Ferienseminar der PGB im Herbst 1961. »Da musst du hin!«, meinte er freundlich-kategorisch. Gut, sagte ich, wenn du meinst – aber erst, wenn ich das Hebraicum erfolgreich hinter mich gebracht habe und auch mit der ersten – neutestamentlichen – Proseminararbeit fertig bin. Beides gelang, und ich fuhr nach Jugenheim. Das Seminar war rundum eine gute Erfahrung: die erneute Begegnung mit Erich Schnepel, die Begegnung mit Hermann Risch, mit den vielen Mitstudenten, darunter einige wie Hermann Hafner oder Ulrich Brockhaus, mit denen ich bis heute in Verbindung stehe. Eindrücklich auch der Besuch bei den Marienschwestern in Darmstadt an einem Sonntagnachmittag. Entscheidend aber waren doch die Vorlesungen und Diskussionen mit den beiden Referenten: Vorträge von Erich Beyreuther über Zinzendorf und vor allem die biblisch-theologischen Vorträge von Otto Michel. Mir ging

Helmut Burkhardt

eine neue Welt auf. Ich kannte erweckliche Frömmigkeit. Ich hatte auch schon etwas von wissenschaftlicher Theologie mitbekommen. Wie aber beides bei Otto Michel in einer Person nahtlos zusammenkam – das war neu für mich. Hier war einer nicht trotz seines Glaubens wissenschaftlicher Theologe, sondern aus Glauben. Als wissenschaftlicher Theologe stand er im Kampf um die Wahrheit und Wirklichkeit des biblischen Worts und in leidenschaftlicher Auseinandersetzung mit seiner modernistischen – oder auch frommen! – Verfälschung. Durch diese Begegnung wurde ich Schüler Otto Michels. Es war jetzt für mich klar, dass ich so bald wie möglich den Studienort wechseln würde, aber nicht, wie ich bereits ernsthaft erwogen hatte, nach Basel zu Karl Barth, sondern zu Otto Michel nach Tübingen. In den vier Semestern dort hörte ich bei Otto Michel was nur irgend möglich war. Dazu kamen viele Begegnungen, vor allem im Rahmen der SMD, darunter bei einem gemeinsam von Helgo Lindner (inzwischen als Assistent Michels wieder in Tübingen) und mir verantworteten Seminar über den historischen Jesus.

> **Hier war einer nicht trotz seines Glaubens wissenschaftlicher Theologe, sondern aus Glauben.**

Alles das fing eben mit jenem Ferienseminar der PGB an – übrigens dem einzigen, das ich als Student besuchte. Für mehr fehlten mir Zeit und Geld. Aber das eine genügte, um mir die Orientierung zu geben, die ich brauchte. So war es denn nach der Beendigung meines Studiums für mich ganz selbstverständlich, dass ich – inzwischen Vikar in einer großen holsteinischen Landgemeinde – so bald wie möglich Mitglied bei der PGB wurde (vgl. PM Folge 44, S. 24f). Auf einer Tagung der nordelbischen PGB auf der »Heideburg« lernte ich dann auch Otto Rodenberg kennen, der mich seinerseits um Mitarbeit bei einem der ersten Ferienseminare in Rengshausen bat, wo ich dann in Ergänzung zu den Vorlesungen von Dr. Flückiger und neben R. Kolb, Assistent von Walter Kreck in Bonn, Übungen hielt über die Bedeutung der historischen Exegese (vgl. BrHandr Folge 42, S. 15-16 und 22-28). Otto Rodenberg hatte damals, nach dem Tod von H. Risch, die Verantwortung für die Ferienseminare und die Redaktion der Zeitschrift »Brüderliche Handreichung« übertragen bekommen. Es zeigte sich schnell, dass die Wahrnehmung dieser Verantwortung neben seinem Pfarramt ohne Hilfe unmöglich war. So wurde von den Verantwortlichen der PGB beschlossen, ihm zur Entlastung in der Gemeindearbeit einen Diakon und für die Mithilfe in der theologischen Arbeit einen jungen Pfarrer als Assistenten zur Seite zu stellen. Eigentlich sollte das Helgo Lindner sein. Aber der wollte verständlicherweise erst seine begonnene Dissertation abschließen. Wieder bei einer Heideburg-Tagung hörte ich von Helgo Lindner, dass man krampfhaft nach jemandem suche, der für etwa ein Jahr hier einspringen könne. Ja, meinte ich, warum fragt ihr mich eigentlich nicht? Helgo Lindner muss diese leichtsinnige Äußerung weitergegeben haben. Jedenfalls dauerte es nicht lange, und ich erhielt durch Otto Rodenberg die offizielle Anfrage der PGB an mich; auf Betreiben von Erich Schnepel gab mich meine Eutiner Landeskirche auch tatsächlich frei, dem Ruf zu folgen, so frei, dass ich nach der Ordination im Herbst 1967 gar nicht erst in den kirchlichen Dienst übernommen wurde und seitdem als »freischaffender Künstler« immer freier Herr meiner beruflichen Entscheidungen blieb – wenn auch auf Kosten meines Pensionsanspruchs.

Die Jahre in Rengshausen waren zunächst eine gute, reiche

Zeit. Es war für mich großartig, wie Otto Rodenberg, der dem Alter nach fast mein Vater hätte sein können, mich jungen, unerfahrenen Theologen in all seine Arbeit hineinnahm, an seinen Überlegungen, Planungen und Korrespondenzen Anteil gab, mir in großem Vertrauen auch eigene Verantwortung übertrug. Es entwickelte sich eine einzigartige, harmonische Zusammenarbeit. So konnte es gelegentlich geschehen, dass wir (auf einer Nürnberger Allianzkonferenz) ein Referat gemeinsam hielten oder auch uns auf Tagungen (z. B. in Treffen oder Mittersill) mit unseren Referaten ablösten, alles in intensiver theologischer Absprache. Nach Otto Michel wurde Otto Rodenberg so mein zweiter theologischer Lehrer. Unser gemeinsames Ziel war eine geistliche Erneuerung in Theologie und Gemeinde. Dabei gingen wir, in der Linie J. Schniewinds und O. Michels, von der Überzeugung aus, dass solche Erneuerung in beiden Bereichen nur aus einem erneuerten Hören auf das Wort der Heiligen Schrift erwartet werden kann. Diesem erneuerten Hören auf das Wort sollte unsere Mitarbeit auf Pfarrer-Tagungen, auf den Ferienseminaren und zunehmend auch in der Zeitschrift dienen, die dann 1970 zur öffentlichen theologischen Zeitschrift ausgebaut wurde.

Wenn ich einschränkend sagte, die Rengshäuser Jahre seien für mich *zunächst* eine gute und reiche Zeit gewesen, dann erfolgte diese Einschränkung natürlich im Blick auf ihr unglückliches Ende. Wesentlich als Folge seiner zunehmenden gesundheitlichen Belastungen wurde Otto Rodenbergs Verhältnis zu dem Mitarbeiter in der Gemeinde so schwierig, dass ich meinte, es nicht länger mit ansehen und die damit gegebene Mitverantwortung tragen zu können. Deshalb trat ich die Flucht nach vorn an, indem ich gegenüber Theo Schnepel, als 1. Vorsitzender der PGB damals sozusagen mein höchster »Chef«, signalisierte, dass ich kündigen wolle. Damit war ein Stein ins Rollen gebracht, der schließlich dazu führte, dass Otto Rodenberg von allen seinen Ämtern in der PGB zurücktrat, und dazu, dass an seiner Stelle für vier Jahre mir die Verantwortung vor allem für die Ferienseminare, aber auch, unter der Hauptverantwortung Theo Sorgs, als Redakteur für die Zeitschrift übergeben wurde.

Diese Zeit der Krise war für mich bis heute wohl die schwierigste Zeit meines Lebens. Sachlich gesehen muss ich auch heute

noch daran festhalten, dass damals das Ausscheiden Otto Rodenbergs aus der Leitung unserer Arbeit unvermeidlich war. In der Art
meines Verhaltens gegenüber Otto Rodenberg aber habe ich
sicher an mancher Stelle versagt. Erst Jahre danach – während
einer Redaktionskonferenz der Theologischen Beiträge in Bad
Homburg im Februar 1985 – war ich so weit, dass ich ihm das
ohne Wenn und Aber sagen konnte. Das öffnete das Tor zu einer
echten Versöhnung zwischen uns. Dass das möglich war, erfüllt
mich bleibend mit tiefem Dank gegen den, der uns in Christus mit
sich selbst versöhnt hat.

Die Arbeit in der PGB-Zentrale ging nach dem Ausscheiden
von Otto Rodenberg 1972 von Marburg aus weiter, die Ferienseminare in Holzhausen am Hünstein. Dort erlebten sie sogar,
zumindest was die Teilnehmerzahlen angeht, mit wiederholt mehr
als 100 Teilnehmern, noch einmal eine ausgesprochene Blütezeit.
Als mein Dienst bei der PGB verabredungsgemäß im Frühjahr
1976 zu Ende ging (aus dem anfänglich geplanten einen Jahr wurden schließlich neun!) und ich mit der Arbeit an meiner Dissertation begann, war auch hier der Weg schon teilweise von der
PGB her mitgebahnt: dass mein – theologisch so völlig anders
orientierter – Doktorvater mich akzeptierte und unterstützte, habe
ich zumindest ein wenig wohl auch dem Umstand zu verdanken,
dass er ein Patensohn von Erich Schnepel war. Und das Thema
meiner Arbeit (»Die Inspiration heiliger Schriften bei Philo von
Alexandrien«) ging geradewegs aus einem Referat hervor, das ich
auf einem Holzhäuser Seminar gehalten hatte.

Die Zeit intensiven Studiums – ich war, nach Jahren des Dienstes als Pfarrer und Vater von zwei Söhnen, inzwischen in Marburg
wieder als Student eingeschrieben – ging aber schon nach wenig
mehr als einem Jahr überraschend schnell zu Ende durch den Ruf
nach St. Chrischona als theologischer Lehrer am dortigen Seminar. Ich hatte Klaus Bockmühl, damals noch Studentenpfarrer in
Heidelberg, später dann Dozent auf Chrischona, schon in der
ersten Rengshäuser Zeit kennen gelernt, dann immer wieder mit
ihm als Referenten auf unseren Seminaren eng zusammengear-
beitet. Er hatte mich zu meiner ersten separaten Veröffentlichung
ermutigt, dem aus einem Vortrag auf einer PGB-Tagung in
Kurhessen entstandenen Büchlein über »Das biblische Zeugnis

von der Wiedergeburt« (1999 in dem größeren Buch »Christ werden« zum dritten Mal wieder abgedruckt). Gerade auf Chrischona war es offenbar auf dankbares Echo gestoßen. Als nun Ende 1976 Klaus Bockmühl auf eine Professur am Regent College in Vancouver berufen wurde, schlug er mich als seinen Nachfolger auf St. Chrischona vor. Mit meinem Wechsel nach Chrischona im Herbst 1977 erschloss sich für mich ein neuer Lebenskreis, der weniger Berührung mit der PGB zuließ. An die Stelle der Theologiestudenten traten für mich nun unsere Seminaristen, an die Stelle der Pfarrer unsere Absolventen, die z. T. in zwar landeskirchlichen, zunehmend aber in eigenständig lebenden Gemeinschaften, speziell in der Schweiz aber im freikirchlichen Raum arbeiten. Immerhin bleibt der brüderliche Kontakt zur badischen PGB und vor allem meine nach wie vor engagierte Mitarbeit bei den Theologischen Beiträgen.

Josef »Sepp« Leuthner

Reiner Braun nach Aufzeichnungen von Sepp Leuthner

1925 in Salzburg (Österreich) geboren, musste Leuthner noch im Frühjahr 1945 an die Front, wurde in Italien verwundet und lag in Bergamo im Lazarett. Einer der Sanitäter, im Zivilberuf Pfarrer in Gomaringen, beauftragte ihn nicht nur mit dem Telefondienst, sondern lud ihn auch zu einem Bibelkreis mit evangelischen Pfarrern ein. Seine Grundfrage damals lautete: Warum hat mich Gott am Leben gelassen, während ein Kamerad dicht neben mir beim Einschlag einer Granate fallen musste? So begann er 1946 ein Theologiestudium in Salzburg, das er in Wien und Basel fortsetzte. Zu seinen Lehrern gehörten Karl Barth und Oscar Cullmann. Zunächst war Leuthner Pfarrer in Eisenerz und in Graz, wo es zu einer Jugenderweckung kam, aus der zahlreiche Pfarrer hervorgingen, die bis heute in Österreich tätig sind.

Theo Schnepel sondierte 1972 im Auftrag des Zentralen Arbeitskreises der PGB beim Vertrauensmann der österreichischen PGB, ob Sepp Leuthner aus seinem bisherigen Arbeitsfeld be-

Josef Leuthner

urlaubt werden könnte, was sich als möglich herausstellte. So berief ihn die PGB in das Amt des Generalsekretärs. Als solcher war er für das damalige Gebiet der Bundesrepublik Deutschland zuständig und reiste durch die Bezirke der PGB von Flensburg bis Selbitz, von Osnabrück bis Rastatt und Echterdingen. Seine Wohnung hatte er in Marburg und arbeitete dort eng mit Erich Schnepel zusammen, der vielfältige Verbindungen in die DDR, die Schweiz, das Elsass, nach Österreich bis nach Siebenbürgen in Rumänien pflegte. An dieser Arbeit beteiligte sich dann auch Leuthner. In besonderer Weise widmete er sich den Pfarrerseminaren, die er nach Gesprächen mit einigen PGB-Brüdern ins Leben rief und mit zehn bis zwanzig Teilnehmern ein- bis zweimal jährlich durchführte. Diese Seminare hatten – bei allen Abweichungen im Einzelnen – eine ähnliche Struktur: Ein Pfarrer lud in seine Gemeinde ein zu gemeinsamem geistlichem Leben, zum Kennenlernen der Gemeinde, zum Austausch über Fragen des Gemeindeaufbaus vor Ort. Auch die Ferienseminare des PGB gestaltete Leuthner mit, und er war beteiligt beim Aufbau der Theologischen Beiträge.

1980 kehrte Sepp Leuthner nach Österreich zurück, wo er zum amtsführenden Pfarrer in Wien an die Lutherische Stadtkirche berufen worden war. Bald übernahm er auch das Amt des Vertrauensmanns des PGB in Österreich. In der Bruderschaft lernte er viele verschiedene Pfarrerpersönlichkeiten kennen, die er als »großartig« beschreibt, hatte aber auch intensive Berührungen mit den Nöten und Problemen der Pfarrerexistenz, an denen er helfend teilhatte durch seine vielfältige »Seelsorge an Seelsorgern«.

Johannes Eichler

Als einer, der über 50 Jahre lang Mitglied unseres Bundes ist und davon über 10 Jahre als Gesamtvertrauensmann verantwortlich war, möchte ich meine Erfahrungen in zwei Punkten wiedergeben.

Nachdem ich nach meiner Rückkehr aus dem Krieg und der Gefangenschaft 1946 in Göttingen mein Studium wieder aufnehmen und abschließen konnte, wurde ich als Vikar mit der Versehung einer Dorfpfarrstelle in Nordhessen mit zwei Kirchengemeinden beauftragt. Die älteren Amtsbrüder aus dem PGB mit ihren Frauen nahmen uns junge Pfarrersleute, die wir Flüchtlinge aus dem Osten waren, herzlich und brüderlich auf und begleiteten uns in allen persönlichen und geistlichen Fragen des Amtes. Wir erlebten hier, was Bruderschaft in Jesus Christus ist. Solche Erfahrung, die oft nicht nur mit den älteren, sondern auch mit jüngeren Pfarrersfamilien zu einer bleibenden Freundschaft wurde, war uns ein Anlass, später selbst in solcher Haltung gerade auch den jüngeren Brüdern zu begegnen.

In Kassel sammelte damals Erich Schnepel aus Großalmerode Pfarrer mit ihren Frauen aus der Umgebung Kassels von Eschwege bis Hofgeismar zu monatlichen Bibelarbeiten. Durch seine eindrückliche Glaubenspersönlichkeit machte er uns die Liebe zu Jesus und der kleinen Schar der Gläubigen und Beter in den

Johannes Eichler

Gemeinden groß mit dem von ihm oft zitierten Wort aus dem 1. Johannesbrief: »Wir wissen, dass wir aus dem Tode in das Leben gekommen sind, denn wir lieben die Brüder« (3,14).

In Großalmerode war es nach dem Krieg zu einer Erweckung und Versöhnung der zerstrittenen Gemeinde gekommen. Von den dort entstandenen lebendigen Bibelkreisen gingen als praktischer Anschauungsunterricht Anstöße aus für den Dienst in unsern Gemeinden. So entstanden in mehreren Gemeinden solche betenden Hauskreise, die sich in überörtlichen Treffen v. a. im Raum Großalmerode und Eschwege gegenseitig stärkten. Auch in unseren Gemeinden in Nieder-

An zwei Stücken entscheidet sich die Wahrheit des Evangeliums gegenüber allen Verfälschungen und Verkürzungen: an der unaufgebbaren Aussage der Bibel über die Sünde und über die Gnade.

137

meiser und Zwergen fanden sich Menschen zu solchen bibellesenden und betenden Hauskreisen zusammen.

Zu diesen Erfahrungen der ersten Zeit kommt noch ein zweites, grundlegendes Moment, das mir immer wichtiger wurde und für unsern Bund unerlässlich ist, nämlich die Beachtung der Tatsache, die Erich Schnepel einmal so ausgedrückt hatte: An zwei Stücken entscheidet sich die Wahrheit des Evangeliums gegenüber allen Verfälschungen und Verkürzungen: an der unaufgebbaren Aussage der Bibel über die Sünde und über die Gnade. Darin ist der ganze Inhalt der Heiligen Schrift enthalten. Das zu erkennen und festzuhalten, dazu bedarf es stets des neuen, exakten Hörens und Achtens auf den Zusammenhang der Schrift. Darum lag Schnepel so entscheidend an einem sorgfältigen, zusammenhängenden Bibelstudium als Grundlage und Ergänzung der praktisch geübten gemeinsamen Bibellese. Dessen sind seine vielen Bibelstudienbücher Zeuge.

Diese entschiedene Ausrichtung allein auf Jesus Christus in der Heiligen Schrift, und zwar der ganzen Schrift, aus der erst geschwisterliche Bruderschaft erwächst, war für mich die Grundlage all meines Dienstes.

Diese entschiedene Ausrichtung allein auf Jesus Christus in der Heiligen Schrift, und zwar der ganzen Schrift, aus der erst geschwisterliche Bruderschaft erwächst, war für mich die Grundlage all meines Dienstes, so wie ich es schon in meinem Studium in Göttingen bei Hans Joachim Iwand und seinem tiefen Verständnis Luthers gelernt und in der ganzen Zeit meines über 50-jährigen Verkündigungsdienstes immer wieder neu durchdacht und vertreten habe. Ohne solches immer erneutes, ernsthaftes Bemühen um die Schrift bleibt unsere Verkündigung leer, und der Dienst und das Leben unserer Bruderschaft verflacht. Ich denke dabei auch dankbar an den Dienst, den uns Professor Otto Michel getan hat.

Diese Erkenntnis der Rechtfertigung des Sünders aus Gnaden allein durch den Glauben hat Paulus in seinem Brief an die Gemeinde in Korinth mit dem »Wort vom Kreuz« ausgesprochen. Dieses Geschehen Gottes dürfen wir niemals hinter uns lassen, um uns dafür nur auf den Auferstandenen zu beziehen. Es passt sich nicht an irgendwelche menschlichen Voraussetzungen, Verhältnisse und Fragen an. Es bedarf auch nicht der Werbung und modernen Managements, um das Evangelium eingängiger zu machen; sondern allein Gottes Geist öffnet die Herzen und schenkt neues Leben. Diese zwei Stücke, die persönliche Glaubensbeziehung zu Jesus Christus und das ernsthafte Hören auf die ganze Heilige Schrift, sollten und müssen den weiteren Weg unseres Bundes bestimmen.

Diese zwei Stücke, die persönliche Glaubensbeziehung zu Jesus Christus und das ernsthafte Hören auf die ganze Heilige Schrift sollten und müssen den weiteren Weg unseres Bundes bestimmen.

Ich schließe mit einem Wort meines Lehrers Hans-Joachim Iwand: »Die Kirche ist nicht primär Organisation, sie ist primär eine Gemeinschaft des Glaubens aufgrund des verkündigten Wortes. (…) Dazu leben wir, und dazu bewegt sich die Weltgeschichte – heute offensichtlich mit gewaltigen Sprüngen –, damit wir immer von neuen Nöten, Hoffnungen, Aufgaben und Möglichkeiten her Gottes Wort und Wirklichkeit ergreifen, begreifen und begreiflich zu machen vermögen.« (Predigtmeditationen 1954)

Theo Sorg

Was die PGB mir bedeutet, möchte ich an zwei Beispielen aufzeigen.

Am 18. April 1988 wurde ich in das Bischofsamt unserer württembergischen Landeskirche eingeführt. Man geht, zumal in heutiger Zeit, auf ein solches Amt nur mit Furcht und Zittern zu. So war es auch bei mir. Je näher der Termin heranrückte, umso mehr drohten Ängste meine Zuversicht zu überlagern. Immer häufiger stieg in mir der Gedanke hoch: Werde ich dieser Aufgabe gewachsen sein? Wird es möglich werden, die von allen Seiten an mich herangetragenen Erwartungen zu erfüllen? Oder werde ich zerrieben und zerrissen in dieser Mühle oft gegensätzlicher Erwartungen? – Da kommt wenige Tage vor der Einführung eine kleine

Theo Sorg

Delegation meiner PGB-Brüder zu mir, deren Vertrauensmann ich durch Jahre hindurch gewesen war. Nun, in der Stunde der Anfechtung, scharten sich die Freunde um mich. Sie brachten mir ein schön gebundenes, schmuckes Bändchen im DIN-A4-Format, 23 beschriebene Blätter enthaltend. Alle 23 PGB-Kreise, die sich regelmäßig einmal im Monat in Württemberg treffen, hatten je eine Seite gestaltet, auf der sie den neuen Landesbischof nicht nur ihrer fürbittenden Begleitung versicherten. Jede Seite enthielt ein sorgsam ausgewähltes, mutmachendes Bibelwort. 270 persönliche Unterschriften tragen diese Blätter, vom Universitätsprofessor bis zum Ausbildungsvikar. Manche von ihnen sind heute schon in der Ewigkeit. Ich kann nicht in Worte fassen, was diese kleine Broschüre mir damals bedeutet hat und auch heute noch bedeutet. Ich bewahre sie auf als einen kostbaren Schatz und freue mich jedesmal in großer Dankbarkeit, wenn ich darin blättere.

Nun, in der Stunde der Anfechtung, scharten sich die Freunde um mich.

Das Jahr 1993 war für mich ein schweres Jahr. Bei einer Pfarrerin unserer Kirche hatten sich die häretischen Abweichungen von der Lehre der Kirche so zugespitzt, dass nach zahllosen Versuchen der außergerichtlichen Erledigung des Falles mir als dem Bischof nichts anderes übrig blieb, als ein Lehrzuchtverfahren zu eröffnen, das erste in unserer Kirche seit mehr als 40 Jahren und das einzige im weiten Bereich der EKD. Der Weg zu diesem Verfahren war von vielen Anfeindungen gegen meine Person begleitet. Rund 700 Schmäh- und Drohbriefe kamen in jenen Wochen auf meinen Schreibtisch, übrigens die allerwenigsten aus unserer württembergischen Kirche. Die Medien hatten sich weit für die Häresien der Theologin geöffnet. Von allen Seiten trafen mich giftige Pfeile. Am Verhandlungstag selbst ein dicht gefüllter Saal. Wilde Gesänge, gestikulierende Scharen, wüste Beschimpfungen gegen mich als den Vorsitzenden des Spruchkollegiums, der das Verfahren zu leiten hatte. In der Morgenfrühe, vor Beginn der Verhandlung, meldet sich in meinem Zimmer einer unserer PGB-Brüder. Wie er durch die Menschenmenge hindurchgedrungen ist, weiß ich bis heute nicht. Er sagte nur: »Du hast heute einen schweren Tag vor dir. Ich möchte mit dir beten und dich segnen.« Es ist nicht zu beschreiben, was das Gebet und der Segen dieses Bruders in mir an Geborgenheit und Ruhe freigesetzt hat. Ich konnte trotz Gewühl und Geschrei mit ruhiger Souveränität das Verfahren führen. Gott sei gedankt, dass es solche Brüder und Schwestern gibt.

Gott sei gedankt, dass es solche Brüder und Schwestern gibt.

Friedrich E. Walther

Ernst Modersohn hat einmal die Rückschau auf seinen Lebensweg unter dem Titel zusammengefasst: Menschen, durch die ich gesegnet wurde. Auch im Blick auf mein eigenes Leben kann ich viele Begegnungen nennen, die für mich wichtig und prägend geworden sind. Ich bin vielen Christinnen und Christen begegnet, die mich auf dem Weg in die Gemeinschaft mit Jesus begleitet haben

Friedrich E. Walther

und denen daran lag, dass ich in dieser Gemeinschaft bleibe. Viele von ihnen waren Mitglieder des Pfarrer-Gebetsbundes.

Meine ersten Begegnungen mit dem PGB liegen in meiner Studentenzeit. Damals wurden die »Ferienseminare« von Prof. Dr. Otto Michel und Pfarrer Erich Schnepel ins Leben gerufen. Ich konnte mehrmals daran teilnehmen. Der wichtigste Ertrag dieser Begegnungen bestand für mich darin, dass ich – trotz aller inneren Anfechtungen – mein Theologiestudium als wertvolles Geschenk begreifen lernte. Ein wohlmeinender alter Bekannter wollte uns damals den Rat geben, beim Abschied von Tübingen alle theologischen Bücher in den Neckar zu werfen. Der Neuanfang solle sich dann – ohne den theologischen Ballast – in einer fröhlichen Gemeindearbeit vollziehen. Ich habe damals auf den Ferienseminaren Christen kennen gelernt, die einen anderen und besseren Weg gingen. Menschen, die ihren Glauben und ihr Denken von der Bibel her hinterfragen ließen und die zu einer Einheit des Glaubens und Denkens fanden. Dieser Ansatz, der keine Fragen scheut, sondern vom lebendigen Gott der Bibel her nach glaubwürdigen Antworten sucht, ist mir später in vielfältiger Weise auf den Tagungen und Freizeiten der PGB wieder begegnet.

Auch der Pfarrer meiner Heimatgemeinde, Georg Plesch in

Bettenfeld, gehörte dem PGB an. Einmal bat er mich, ihn zu einem Besuch ins Krankenhaus zu fahren. Wir fanden einen Schwerkranken vor. Die Art, wie Georg Plesch sich dem Leidenden zuwandte, mit ihm sprach, mit ihm betete und ihn segnete, ist mir zeitlebens ein Vorbild im Umgang mit Kranken geblieben. Ebenso verdanke ich ihm viel im Blick auf Beichte und Seelsorge. Die Teilnahme an einem Kleinkreis von Pfarrerinnen und Pfarrern hat mich oft vor einer negativen Einstellung gegenüber Menschen oder Situationen bewahrt. Durch das Gespräch und vor allem durch die Fürbitte über bestimmten Nöten oder Menschen fand ich immer wieder in eine positive Einstellung zum andern. So hatte einmal ein Kirchenvorsteher aus Protest gegen eine meiner Entscheidungen sein Amt niedergelegt. Ich betete weiterhin für ihn, und als er schwer erkrankte, konnte ich ihn auf seinem letzten Lebensweg begleiten.

Durch die Pfarrer-Gebetsbruderschaft lernten meine Frau und ich die Ehearbeit von Ingrid und Walter Trobisch kennen. Sie hatten als Missionare in Afrika die Ehearbeit als besondere Herausforderung der christlichen Gemeinden erkannt. Sie waren aber nur bereit, auf unserer PGB-Tagung zum Thema Ehe mitzuarbeiten, wenn vorher einige Paare aus dem Veranstalterkreis ein Eheseminar bei ihnen kennen gelernt hätten. Wir gingen darauf ein und das geplante Seminar über die Ehe kam dann auch auf dem Hesselberg zustande. Die Impulse dieser Tagung haben bis heute in unserem persönlichen Leben und auch im Leben des PGB nachgewirkt. Der afrikanische Bischof Festo Kivengere hat einmal mit Recht behauptet: »Wenn es in der Ehe des Pfarrers kalt wird, dann wird es auch in seiner Gemeindearbeit kalt.«

> »Wenn es in der Ehe des Pfarrers kalt wird, dann wird es auch in seiner Gemeindearbeit kalt.«

Renate Auffarth

Ich bin 43 Jahre alt und Pfarrerin einer Dorfgemeinde im Hanauer Land (bei Kehl). Vor 18 Jahren bin ich in den PGB eingetreten. Das lag vor allem daran, dass ich in einer Theologenfamilie aufge-

Renate Auffahrth

wachsen bin: Mein Vater und zwei meiner (insgesamt acht) Geschwister sind Pfarrer. Mein Vater (auch PGB-Mitglied) hat uns in
einer guten unaufdringlichen Weise biblische Theologie vermittelt. Er und meine Mutter haben uns gezeigt, wie man auch im
Alltag eine Beziehung zu Jesus leben kann.

Schon im Studium bin ich mit den Ferienseminaren für Theologiestudenten in Holzhausen in Berührung gekommen und lernte
dabei, dass wissenschaftliches Denken und persönlicher Glaube
keine Gegensätze sind. Das hat mir für mein Studium sehr gehol-
fen. Während des Studiums wohnte ich vor allem zu Hause (als
ich für zwei Semester in Tübingen studierte, hatte ich sogar ein
Zimmer bei Professor Otto Michel!), so dass ich immer in eine
Gemeinschaft eingebunden war: in die familiäre Gemeinschaft
und auch in den Jugendkreis des AB-Vereins, der einen großen
ökumenischen Horizont hatte. Im Lehrvikariat hatte ich das
Glück, einen Lehrpfarrer zu haben, der PGB-Mitglied war. So
ergab es sich ganz natürlich, selbst Mitglied zu werden. Nun bin
ich selbst im Leitungskreis des badischen PGB.

In den letzten Jahren bin ich jedoch in einer positiv-kritischen
Auseinandersetzung mit »meiner« Bruderschaft: Das betrifft weniger die theologische Ausrichtung – zu der stehe ich nach wie vor
– als die praktische Gemeinschaft. In unserem Gebiet gibt es

keine PGB-Geschwister, so dass die Bildung eines Kleinkreises nicht möglich ist. Ich bin gerne mit meinen Kollegen im Bezirk zusammen, menschlich verstehen wir uns gut, aber theologisch leben wir in unterschiedlichen Welten. Das bringt manche Einsamkeit mit sich. Bei Tagungen und im Leitungskreis ist es auch manchmal mühsam, zur Gemeinschaft zu finden, da uns oft Generationen trennen: Es bringt eben nicht viel zu erzählen, dass Konfirmandenunterricht schwierig ist, wenn man dann als Antwort bekommt, wie früher 80 Konfirmanden in einer Gruppe unterrichtet wurden, und es ging auch! Aber ich bemerke auch viel Wohlwollen und weiß, dass meine Geschwister für mich beten. Es tut gut, bei einem Zusammentreffen nicht erst die theologischen Grundlagen klären zu müssen, sondern zu wissen: Unsere Mitte ist Jesus Christus und sein Opfer für die Welt, und unsere Leidenschaft ist, dass alle Menschen das erfahren! Darum hänge ich nach wie vor an der Bruderschaft! Ich hoffe nur, dass noch mehr jüngere Kollegen dazustoßen und wir uns im Blick auf unser Amt noch mehr gegenseitig stärken können.

Stärkung erfahre ich zur Zeit durch »ganz normale« Menschen: Ich treffe mich mit einem jungen Ehepaar mit charismatischem Hintergrund jede Woche einmal zum Gebetsfrühstück. Ich lese die Zeitschrift »AufAtmen« und Bücher von Mike Yaconelli, Eugene Peterson u. a. Anstöße gibt mir auch der Kontakt zu einem Missionswerk. Aber vielleicht ist es doch wieder einmal möglich, einen Kleinkreis zu bilden – ob das nun PGB-Mitglieder sind oder nicht – und gemeinsam über Fragen des Amtes und des geistlichen Lebens nachzudenken? Jedenfalls möchte ich in meiner Kirche wirken, möchte fröhlich und offen von Jesus reden und mich nicht unterkriegen lassen vom Heidentum und vom theologischen Liberalismus.

> Es tut gut, bei einem Zusammentreffen nicht erst die theologischen Grundlagen klären zu müssen, sondern zu wissen: Unsere Mitte ist Jesus Christus und sein Opfer für die Welt, und unsere Leidenschaft ist, dass alle Menschen das erfahren!

> Jedenfalls möchte ich in meiner Kirche wirken, möchte fröhlich und offen von Jesus reden.

Ulrike Schemann

Herbst 1987. Wir wohnen gerade drei Monate in Bayreuth. Mein Mann hat eine halbe Pfarrstelle an der Luther-Kirche als »Tandem-Pfarrer«. Ich selber habe gerade mein Vikariat in Heinersreuth begonnen. Es ist Sonntag-Nachmittag, als es an unserer Haustür klingelt. »Wer kann das sein? Wir kennen hier doch noch kaum jemanden!« Als ich öffne, steht ein junges Ehepaar mit einem kleinen Kind vor mir. Sie lächeln mich an. Er sagt: »Grüß Gott, wir sind auch Christen und wohnen hier in Bayreuth. Wir wollten Sie einmal besuchen.« Im ersten Moment denke ich: »Das sind bestimmt Zeugen Jehovas!« Doch dann stellt sich im weiteren Gespräch, das wir im Wohnzimmer fortsetzen, heraus, dass es sich auch um eine evangelische Pfarrfamilie handelt, die uns kennen lernen und zu ihrem Pfarrfamilien-Hauskreis einladen möchte. Wir sind heute noch dankbar für ihr offensives Vorgehen und ihren Mut, uns einfach zu besuchen, denn durch sie sind wir u. a. zum PGB gestoßen! Sie haben uns immer wieder zu den Tagungen eingeladen, bis wir schließlich im Herbst 1990 als Familie mit mittlerweile zwei Kindern das erste Mal teilnahmen. Damals war der Psychologe Daniel Trobisch als Referent mit dabei. Seine Vorträge haben uns sehr angesprochen. Doch besonders beeindruckt waren wir von der guten Atmosphäre und von den Begegnungen mit den anderen Pfarrfamilien. Es tat gut, mit jemandem, der im gleichen Boot sitzt, offen über die schönen, aber auch die schwierigen Seiten des Pfarrberufs und des Lebens als Pfarrfamilie sprechen zu können. Der Austausch über theologische Fragen, gemeinsame Andachten, Bibelarbeiten und ein Gottesdienst stärkten und ermutigten uns persönlich und im Hinblick auf unseren Dienst in der Gemeinde.

In den folgenden Jahren waren wir regelmäßig dabei, 1993 sind wir dann offiziell in den PGB eingetreten, weil wir uns hier zu Hause fühlen. Das trifft auch für unsere Kinder zu; sie sind immer gerne dabei. Sie haben ein eigenes »zünftiges« Programm, erleben aber auch gemeinsam mit den Erwachsenen viel Spaß beim Ausflug oder dem Familienabend. Sogar für die Teenager, die sich stark mit ihrer Rolle als Pfarrerskinder auseinander setzen, sind die Tagungen immer noch attraktiv, was in unserer heutigen

Ulrike Schemann

Zeit des »null Bock« und der »coolen Sprüche« wohl ein positives Zeichen ist! Seit vier Jahren gehöre ich dem Arbeitskreis des bayerischen PGB an, der die jährlichen Tagungen und den Begegnungstag in Neuendettelsau (an dem auch die Emeriti teilnehmen) vorbereitet und verantwortet. Auch wenn wir uns als Arbeitskreis oder Gesamt-PGB nicht so oft sehen, wissen wir uns doch durch das gemeinsame Gebet füreinander, für unsere Gemeinden und unsere Landeskirchen verbunden. Ich wünsche mir, dass das Gebet auch weiterhin das Zentrum unseres PGB bleibt, denn es ist die tragende Kraft unserer Gemeinschaft.

Ich wünsche mir, dass das Gebet auch weiterhin das Zentrum unseres PGB bleibt, denn es ist die tragende Kraft unserer Gemeinschaft.

Heinzpeter Hempelmann

Der PGB ist mir vor allem in Gestalt von Personen präsent. Lange bevor ich 1983 zum Theologischen Referenten der damaligen Pfarrer-Gebetsbruderschaft berufen wurde, hatte ich noch als Student – es muss 1975 gewesen sein – eine Begegnung mit Helmut Burkhardt auf einem der Ferienseminare für Theologiestudenten und Pfarrer. Ohne zu ahnen, dass ich meinem Vorvorgänger begegnete, beeindruckte mich – den Noch-Freikirchler mit allen gesunden Vorurteilen gegenüber evangelischer Kirche, evangelischer, bibelkritischer Theologie und »ungläubigen Pfarrern« – das, was ich sah: verbindlich lebende Männer und Frauen, die eine tiefe Frömmigkeit und ein persönliches Glaubensleben, ein fundiertes Denken und eine vom Glauben nicht trennende, sondern ihn stärkende Theologie zu integrieren wussten. Herausragend und in ihrer Person Programm für diese Verbindung von Glauben und Denken, oder besser für die Auffindung der Einheit von Glaubens-, Lebens- und Denkakt waren schon damals Helmut Burkhardt und Herman Hafner. Mit beiden verbindet mich bis heute eine theologische Freundschaft. Persönliche Frömmigkeit schloss bei beiden ein kein Tabu kennendes, nicht vor radikalem Fragen zurückschreckendes, theologisches und philosophisches Bohren nicht aus. Das war das, was ich als Theologie- und Philosophiestudent, der ins Studium aufgebrochen war, um herauszubekommen, ob denn christlicher Glaube den kritischen Fragen gewachsen sei, die an ihn gestellt wurden, suchte und brauchte. Schon damals stand »die Schriftfrage« mit allen ihren hermeneutischen Facetten im Mittelpunkt. Die Waldspaziergänge mit Helmut Burkhardt, mit meinen An-Fragen zur Autorität der Heiligen Schrift und seinen guten Gegenfragen und Antworten, sind mir bis heute ebenso unvergesslich wie das Erfolgserlebnis, dass ein kleiner Bericht über das zweite von mir besuchte Ferienseminar in den Persönlichen Mitteilungen veröffentlicht wurde.

Und dann Hermann Hafner: Der personifizierte Gelehrte, der sich jeder Frage stellte, es sich geradezu zum Programm machte (und macht), vorschnelle, nur scheinbar fromme Antworten und Lösungen, wie es sie im Bereich des Neupietismus immer wieder

Heinzpeter Hempelmann

gibt, in Frage zu stellen und Theologie wie christliches Zeugnis den bohrenden Fragen und herausfordernden Perspektiven der anderen wissenschaftlichen Disziplinen auszusetzen. Meine damalige und bis heute andauernde Erfahrung: PGB bedeutet Motivation zu theologischer Arbeit und Forschung!

Meine damalige und bis heute andauernde Erfahrung: PGB bedeutet Motivation zu theologischer Arbeit und Forschung!

Nach dem Wechsel an den Studienort Tübingen mit seinen herausragenden Vertretern einer Biblischen Theologie ließ der Leidensdruck nach, sich nur über die Ferienseminare der PGB seines eigenen theologischen Weges vergewissern zu müssen. Nach einer Zeit der Funkpause, in der ich meine Examina ablegte, war ich dann sehr überrascht, dass mich eine Anfrage der PGB erreichte, ob ich nicht Lust hätte, die Aufgabe eines Theologischen Referenten zu übernehmen. Ich war damals 28 Jahre alt, gerade verheiratet, erst kurz zuvor – wenn auch mit guten Gründen und nach reiflicher Überlegung – in die evangelische Kirche eingetreten, und ohne jede pfarramtliche Erfahrung.

Bis heute ist mir die Frische und Freundlichkeit gegenwärtig, mit der mir der damalige Leitungskreis bei unserem ersten tastenden Gespräch in Bad Homburg begegnete: Christofer Pfeiffer, der dynamische EC-Jugendpfarrer, vermittelte mir die Freude an der Aufgabe; Albrecht Becker, Ur-Schwabe und Inbegriff eines kirchlich verbundenen, evangelischen Pfarrers, ebnete mir höchstpersönlich, auch in manchen Gesprächen den Weg in die Württembergische Landeskirche, deren Pfarrer ich heute mit Dankbarkeit bin.

Dass Theo Sorg seinerzeit nicht nur Regionalbischof von Ulm, sondern eben auch Vertrauensmann der württembergischen PGB war, hat mir den Übertritt in diese Kirche und das Wagnis eines kirchlichen Werdegangs mit sehr spätem Vikariat und Pfarrvikariat entscheidend erleichtert.

Mit Johannes Eichler begegnete mir ein Urgestein eigener Art: Er war durch und durch preußisch geprägt, in seiner Art und in seinem Denken durch Pflicht bestimmt und bei Hans Joachim Iwand angesiedelt, in vielem das ganze Gegenteil von mir. Und doch kamen wir uns in vielen stundenlangen Gesprächen zu gemeinsamen Einsätzen, bei denen er mich mit großer Freundlichkeit und viel Verständnis unter seine Fittiche nahm, theologisch und menschlich sehr nahe. Wie kein anderer hat er mir einen Begriff von der Möglichkeit vermittelt, unter schwierigen kirchlichen und theologischen Umständen Pfarrer, und d. h. für ihn und für mich primär: Zeuge des Evangeliums sein zu können.

Natürlich hat man mir, dem aus der Brüdertradition stammenden, »baptistisch infizierten« Theologen auf die Finger geguckt, aber die Art, in der das geschah, war beeindruckend: die Gesprächsbereitschaft, das Ringen, auch die Offenheit, fern von aller falschen Apologetik für »die Kirche«. Beeindruckend die Erfahrung, sich in der PGB auf der Basis gemeinsamen Glaubens an den einen Herrn der Kirche und Welt, auch von verschiedenen Seiten herkommend, verständigen und finden zu können.

Dass es sich die PGB als fromme Bruderschaft wiedergeborener Pfarrer und Pfarrerinnen leistet, für die theologische Arbeit Jahr für Jahr einen sechsstelligen Betrag auszugeben, spricht für sich:

- für die ThBeitr, die ich ab 1983 als Redakteur, dann wenig später als Schriftleiter betreuen durfte, zu deren Herausgeberkreis ich seit 1988 gehöre und die ich nun seit einigen Jahren als einer von drei Hauptherausgebern mitverantworte;
- für die Ferien- und Intensivseminare; sie bedeuteten für mich die Weggemeinschaft vor allem mit Helgo Lindner und Hermann Hafner, später dann mit Heinz-Dieter Becker und Reiner Braun und einem Kreis sehr engagierter und interessierter Pfarrer (dem heutigen Nagolder Dekan Albrecht Becker u. a.), Theologiestudenten (unter ihnen das Ehepaar Hanna und Christian Stettler, die z. Zt. ihre Habilitation anstreben) und junger Wissenschaftler (unter ihnen Thomas Pola, der seinen ersten Lehrstuhl bezogen hat).

Die vorbereitenden und begleitenden Aussprachen waren eine Brunnenstube reformatorisch-biblischer Theologie in erwecklicher Zuspitzung, die mein Denken entscheidend befruchtet und auch zu mancher Veröffentlichung beigetragen haben. Besonders erwähnenswert ist hier das völlig verschiedenen Traditionen entsprungene und jeweils über einen eigenen Anmarschweg gegebene Interesse von Helgo Lindner und mir an sprachtheologischen und sprachphilosophischen Fragestellungen. Lindner kam aus der Schule Otto Michels, ich kam von meinem philosophischen Lehrer Josef Simon her, der Lindner eher verdächtig war. Aus anfänglicher innerer Distanz wuchs über der gemeinsamen Arbeit an J. G. Hamann, Franz Rosenzweig und dem hebräisch-biblischen Denken die Erfahrung von PGB als einer verbindenden theologischen Weggemeinschaft.

PGB – das steht für einen Pietismus, der theologische Arbeit aus erwecklichem Interesse heraus nicht scheut, sondern fördert, ja fordert.

Von 1983 an habe ich dem Vorstand, heute Gesamtarbeitskreis (GAK) genannt, angehört, zunächst als theologischer Mitarbeiter, später dann als berufenes Mitglied. Als ich aus persönlichen Gründen vor einiger Zeit aus dem Landesarbeitskreis in Württemberg und dann letztes Jahr auch noch aus dem GAK ausscheiden musste, hat mich der

PGB – das steht für einen Pietismus, der theologische Arbeit aus erwecklichem Interesse heraus nicht scheut, sondern fördert, ja fordert.

PGB in die Mitarbeit im Theologischen Ausschuss berufen. Die Verbundenheit bleibt. Wie habe ich hier das nüchterne, biblisch rückgebundene und seelsorgerlich sensible Urteil von Männern wie Fritz Walther und Warner Bruns von der Frage des Umgangs mit charismatischer Orientierung bis hin zur Herausforderung kirchenpolitischen Engagements schätzen gelernt. Mit großem Mut und Engagement hat sich die PGB 1994 hinter eine aus meiner Feder stammende Erklärung »Die Wahrheit festhalten in Liebe. Bibel, Kirche und Homosexualität« gestellt und deren weiter ausgearbeitete Veröffentlichung im Jahre 2001 massiv unter noch viel schwierigeren kirchlichen Verhältnissen unterstützt.

Die bzw. der PGB – das ist eine Gemeinschaft von Brüdern und Schwestern, die auch vor einem engagierten und mutigen Ringen um kirchenpolitische Fragen und in theologischen Kontroversen nicht zurückschrecken.

Wenn es den PGB nicht gäbe, müsste man ihn erfinden. Ich wünsche dem PGB, dass Gott ihn weiter gebrauchen kann, und danke an dieser Stelle für alle erfahrene Freundlichkeit, Unterstützung und Förderung.

Werner Kenkel

Mitglied im PGB bin ich seit 1985, kennen gelernt habe ich ihn aber schon zehn Jahre zuvor. 1975 kam ich als junger Student von Bethel nach Marburg. Durch meine Frau, die dort bereits studierte, bekam ich Zugang zu dem Theologenkreis des PGB, der damals von Helmut Burkhardt geleitet wurde. Es folgten vier Ferienseminare in Holzhausen und vor allem das Kennenlernen eines Mannes – Erich Schnepel. Obwohl er so viel älter war als ich, wurde er mir zum Seelsorger, Vorbild, ja Freund. Durch ihn habe ich eine entscheidende Prägung bekommen.

Gott hat einen Plan mit dir! »Werner, Gott hat einen Plan mit dir.« Welchen, das sagte Erich Schnepel nicht, aber die Gewissheit, mit der er mir dies zusprach, stärkte in mir die Überzeugung, dass Gott mich wirklich liebt und einen Plan mit mir hat. Diese so

Werner Kenkel

schlichte Botschaft gab und gibt mir bis heute einen unwahrscheinlichen Halt. Wie oft habe ich an meinen Fähigkeiten gezweifelt; wie oft habe ich mich gefragt, ob Gott mich wirklich gebrauchen könne. Da war es mir eine große Hilfe zu wissen, dass Gott auch mit mir – so ungenügend ich auch sein mag – einen Plan hat und dass er mich gebrauchen kann und will.

Noch andere ermutigende Worte von E. Schnepel klingen in mir nach. Als ich z. B. Marburg in Richtung Meinerzhagen, wo ich mein Vikariat beginnen sollte, verließ, gab er mir drei Worte mit auf den Weg. »Werner, sieh zu, dass du einen Kreis findest, in dem du nicht nur der Herr Pastor, sondern der Werner bist.« »Denk daran: Einen Tag in der Woche Sabbat.« Das dritte Wort weiß ich leider nicht mehr wörtlich, aber er legte mir die Wichtigkeit der kleinen Zellen (Hauskreise) in der Gemeinde ans Herz.

Je länger ich als Pfarrer im Dienst bin, umso besser kann ich ihn verstehen. Mir geht es so wie vielen anderen Pfarrerinnen und Pfarrern, dass ich oft wenig Zeit für die Pflege von Freundschaften

In der eigenen Gemeinde – das ist meine Erfahrung – ist es sehr schwer, einen Kreis zu finden, in dem man nicht stets als der Herr Pastor angesehen wird. Im PGB dagegen habe ich einen Ort gefunden, wo ich einfach der Werner sein darf.

finde. Zeit für die Familie und mich selbst kommen auch stets zu kurz. Wie oft habe ich das Gefühl, nur noch zu funktionieren. In der eigenen Gemeinde – das ist meine Erfahrung – ist es sehr schwer, einen Kreis zu finden, in dem man nicht stets als der Herr Pastor angesehen wird.

Im PGB dagegen habe ich einen Ort gefunden, wo ich einfach der Werner sein darf. Hier komme ich mit dem vor, was mich bewegt; ich muss nicht ständig darauf Acht geben, was ich wie sage, sondern darf äußern, was mir auf dem Herzen liegt.

Noch eins möchte ich erwähnen, was ich bei E. Schnepel bemerkenswert fand: Mitten im Gespräch konnte er übergangslos zum Gebet übergehen; dabei sprach er mit Jesus wie mit einem vertrauten Freund. Ich erlebe es bis heute im PGB, sei es in den Kleinkreisen, auf Tagungen oder bei Sitzungen: Das Gebet steht nicht nur in der Mitte des Namens, es wird auch wirklich als tragende Mitte erfahren. In keinem kirchlichen Gremium habe ich bisher erlebt, dass der persönlichen Begegnung und dem Gebet so viel Raum gegeben wird. Ich bin Gott unendlich dankbar für diese Erfahrungen und wünsche dem PGB, dass er noch vielen Theologinnen und Theologen zur geistlichen Heimat und zum Ort des Segens werden möge.

PFARRERINNEN-
UND PFARRER-
GEBETSBUND
PGB

Geistlich-Theologische Profilierung

Das Profil des Pfarrerinnen- und Pfarrer-Gebetsbundes

Reiner Braun

Als Autofahrer muss ich regelmäßig das Profil meiner Reifen kontrollieren: Stimmt die Tiefe noch? Kann der Wagen noch ruhig und sicher fahren? Oder ist es fraglich, ob er am Ziel ankommt? So ist es auch in einer christlichen Gemeinschaft wie dem PGB wichtig, gelegentlich zu überprüfen: Haben wir noch das richtige Profil, damit wir auch das Ziel erreichen, mit dem wir einmal angetreten sind?

Wie bei einem Reifen, dessen Gesamtprofil aus verschiedenen Profilrillen besteht, so sehe ich bei dem PGB ein sechsfaches Profil, dessen Tiefe zu prüfen ist: Bekehrung, Bibelarbeit, Gebet, Gemeinschaft, Seelsorge, theologische Arbeit.

Bekehrung

Das erste Profil ist die Bekehrung, nicht nur nach dem Alphabet. Die Bekehrung stand auch in der Geschichte des PGB ganz am Anfang. Beim Vorbereitungstreffen 1912 und dann bei der Gründung 1913 haben sich Pfarrer zusammengefunden, denen eines gemeinsam war: Sie hatten eine Bekehrung erlebt. Sie waren der Gemeinschaftsbewegung verbunden. Und wie sich in der Gemeinschaftsbewegung die bekehrten Bäcker und die bekehrten Eisenbahner formierten, so wollten bekehrte Pfarrer einen ähnlichen Kreis bilden mit Kollegen, die ihnen nahe standen. Die

Bekehrung war ihnen dabei so wichtig, dass sie ernsthaft daran dachten, ihre Gemeinschaft auch so zu nennen: »Bund bekehrter Pastoren«. Das Erlebnis einer Lebenswende, wie auch immer im Einzelnen gestaltet, sollte die Voraussetzung zur Aufnahme in die Gemeinschaft sein. Darauf legten die Väter großen Wert. Bis heute erwarten wir von denen, die in den PGB aufgenommen werden wollen, einen geistlichen Lebenslauf.

Dieser Anfang des PGB ist für alle, die dazugehören, eine kritische Anfrage: Wie halten wir es im PGB mit der Bekehrung? Wie reden wir davon? Reden wir überhaupt noch davon? Oder sind wir aus Unsicherheit im Vokabular in der Sache selbst unsicher geworden? Vermeiden wir aus Furcht vor Missbrauch, Manipulation und Anfeindung, davon zu reden?

Helmut Burkhardt, von 1967 bis 1976 Theologischer Referent der Pfarrer-Gebetsbruderschaft, plädiert seit Jahrzehnten für die Wiedergewinnung der biblischen Begriffe »Bekehrung« und »Wiedergeburt« in Predigt, Unterricht und Seelsorge: »Bekehrung heißt: Der lebendige Gott, der Gott Israels und der Vater Jesu Christi, tritt in das Leben eines Menschen ein als eine dieses Leben umfassend verändernde Wirklichkeit. Dieser Mensch geht jetzt Wege, die er sonst, von sich aus, nicht gegangen wäre. Er tut Dinge, die er sonst, von sich aus, nicht getan hätte. Er wird grundsätzlich und täglich neu aus seinem Egoismus herausgenommen und mit seinem Leben auf Gottes Ziele, auf Gemeinschaft mit Gott und den Dienst am Mitmenschen ausgerichtet. (…) Die Entscheidung, die sich in der Bekehrung vollzieht, ist nicht menschliche Leistung, sondern Geschenk Gottes. (…) Eine konsequent am biblischen Zeugnis von der Bekehrung ausgerichtete Umkehrpredigt könnte der Kirche helfen, von der volkskirchlichen Illusion vom Christsein aller Mitglieder der Kirche zur neutestamentlichen Wirklichkeit der Gemeinde durchzustoßen. Zugleich könnte sie dieses neu zum Zeugnis und zum Dienst in der Welt befähigen.«[90]

> **Bekehrung heißt: Der lebendige Gott, der Gott Israels und der Vater Jesu Christi, tritt in das Leben eines Menschen ein als eine dieses Leben umfassend verändernde Wirklichkeit.**

Diesen Gedanken greift die Geschichte von der Rettungsstation für Schiffbrüchige auf. Diese Station hatten Menschen aufgebaut, die selbst einmal an einer besonders gefährlichen Küste Schiffbruch erlitten hatten und gerettet worden waren. Sie machten es sich nun ihrerseits zur Aufgabe, andere Schiffbrüchige zu retten. Mit der Zeit erlahmte jedoch die erste Begeisterung, und die Leute fühlten sich im Rettungshaus so wohl, dass sie die Gemeinschaft untereinander pflegten, vielleicht auch über die Rettung Schiffbrüchiger nachdachten, aber darüber vergaßen, nach Schiffbrüchigen Ausschau zu halten. Auch stießen Leute hinzu, die zwar Freude an der Gemeinschaft im Rettungshaus hatten, die aber selbst nie eine Rettung aus Seenot erlebt hatten. Sie waren dagegen, dass ständig über Seenotrettung gesprochen wurde, und hätten dem Rettungshaus gerne einen neuen Namen gegeben, und wo die Boote zur Seenotrettung standen, hätten sie lieber einen Partykeller gebaut.

Diese Geschichte hat ihren Schwachpunkt darin, dass sie das Missverständnis provoziert, als liege die Rettung von Menschen allein oder im Wesentlichen an uns. Das Entscheidende ist doch: Die Rettung ist in Christus geschehen. Und er ist es, dem alle Macht im Himmel und auf Erden gegeben ist. Er ist es, der sich Menschen vorstellt und sie zur Umkehr ruft. Und eine Bekehrung des Menschen – und sei sie noch so spektakulär – ist immer nur die zaghafte Antwort des Menschen auf Gottes starkes Wort.

Die Stärke der Geschichte ist, dass sie die selbstkritische Frage provoziert: Sind wir solche Leute wie die in der Geschichte? Froh, gerettet zu sein, aber zu sehr mit uns selbst beschäftigt, um an die Rettung anderer zu denken? Oder glauben wir die Rede derer, die von außen dazukamen, dass das Wasser so wenig gefährlich sei wie die Küste und dass letztlich sowieso jeder gerettet wird?

Nach den Lebenslinien ist ein Ziel des PGB das »geistliche Mühen in missionarischer Verantwortung um die benachbarten Schwestern und Brüder im Amt, in der Vorbereitung und im Ruhestand«. Das schließt die Frage ein: Werden wir einander zu Christus-Zeugen, zu Zeugen seines Heils, mitten in dem Unheil, das wir auch in unserem Leben als Pfarrerinnen und Pfarrer wahrnehmen?

»Wenn du dereinst dich bekehrst, stärke deine Brüder!«

Denken wir an das Wort Jesu, das er an Petrus richtet: »Wenn du dereinst dich bekehrst, stärke deine Brüder!« (Lukas 22,32). Diese Lebenslinie erinnert uns daran, dass das nicht nur in der Gemeinde unsere Aufgabe ist, sondern auch im PGB und darüber hinaus, etwa im Pfarrkonvent. Wer könnte sagen, dass er diese Stärkung nicht nötig hätte?

Bibelarbeit

Das zweite Profil ist die Bibelarbeit. Die Beschäftigung mit der Bibel sollte in allen Zusammenkünften breiten Raum einnehmen, allerdings nicht zuerst im Sinne von historischer Exegese oder Predigtarbeit.

Der Evangelist Elias Schrenk wurde einmal gefragt, was er von Bibelkritik halte. Zum Erstaunen des Fra-genden antwortete Schrenk, dass er viel von Bibelkritik halte: »Denn«, so sagte er, »die Bibel kritisiert mich jeden Tag.«

Wie aber kann die Bibel diese Wirkung entfalten bei Menschen, deren Bibellesen im Studium allein auf das rein philologische und historische Analysieren trainiert wurde? Wie kann die Bibel Menschen kritisieren, die Tag für Tag die Bibel kritisch für andere Leute bzw. auf einen bestimmten Anlass hin lesen und auslegen müssen?

Der PGB lädt Pfarrerinnen und Pfarrer, die ständig in der Herausforderung stehen, das Wort Gottes für andere auszulegen, dazu ein, sich selbst dem Zuspruch und dem Anspruch Gottes auszusetzen, sich selbst von der Bibel etwas sagen zu lassen.

Der PGB lädt Pfarrerinnen und Pfarrer, die ständig in der Herausforderung stehen, das Wort Gottes für andere auszulegen, dazu ein, sich selbst dem Zuspruch und dem Anspruch Gottes auszusetzen, sich selbst von der Bibel etwas sagen zu lassen. Viele machen das – wie es auch in den Lebenslinien steht – daheim für sich. Immer wieder kommt das jedoch über den vielfältigen Anforderungen des Amtes zu kurz. Da tut es gut, miteinander die Bibel zu lesen und – im Sinne Elias Schrenks – die Bibel an sich arbeiten zu lassen. Das ist ja doch die tiefere Bedeutung von »Bibelarbeit«.

Erich Schnepel, der den PGB vor allem in der Nachkriegszeit und darüber hinaus nachhaltig geprägt hat, grenzte einmal die gemeinsame Bibellese von der Predigt oder der Bibelbesprechung ab: »Die gemeinsame Bibellese ist ein zwangloser Austausch über dem Wort, der nicht von Vers zu Vers weiterschreitet, sondern jedem es freistellt, an das Wort anzuknüpfen, das ihm bedeutsam wurde.«[91] Die Beiträge sollen kurz sein. Die Leitung hat nicht die Aufgabe der Einleitung oder Korrektur, sondern die Aufgabe, Zurückhaltende zu eigenen Beiträgen zu ermutigen. Auftauchende Fragen werden nicht gestellt und beantwortet, Falsches wird nicht korrigiert und diskutiert.

Und dann notiert Schnepel eine Erfahrung mit dem Bibellesen unter Theologen: »Es ist bei der Bibellese erschütternd zu sehen, wie wir Fachleute oft die Fähigkeit verloren haben, wirklich auf die Bibel zu hören und in schlichter Weise weiterzugeben, was Gott uns gesagt hat. Wir sind immer in der Versuchung, Reden über die Bibel zu halten und Ansprachen an andere zu richten. Es wird uns so schwer, die Schrift einmal nicht im Gedanken an andere zu lesen, sondern ganz persönlich für uns selbst. Und doch ist es der Tod des Lebens in der Nachfolge Jesu, wenn wir die Schrift immer mit dem Gedanken lesen: Was kann ich anderen darüber sagen? Darum kann die Bibellese für den Fachmann eine große Hilfe sein, zu dem ganz persönlichen Verhältnis zur Schrift zurückzufinden und ganz neu für sich selbst zu hören.«

> **Es ist bei der Bibellese erschütternd zu sehen, wie wir Fachleute oft die Fähigkeit verloren haben, wirklich auf die Bibel zu hören und in schlichter Weise weiterzugeben, was Gott uns gesagt hat.**

Von Schnepel gehen, denke ich, auch noch heute hilfreiche Impulse aus für die Zusammenkünfte unserer Kleinkreise, wo uns über exegetischen Einzelfragen oder in homiletischen Überlegungen droht, den Text und seine Bedeutung für uns aus dem Blick zu verlieren.

Gebet

Das dritte Profil ist das Gebet. Das Gebet ist ja dann auch in den Namen der Gemeinschaft aufgenommen worden, und ist durch alle Namensänderungen hindurch immer an seiner zentralen Stelle im Namen geblieben. Es ist der einzige Namensteil, der sich im Lauf der Zeit nicht geändert hat. In den Lebenslinien ist es als die Mitte der Bruderschaft hervorgehoben. Da ist zunächst das Gebet der Einzelnen für Einzelne, für die ganze Bruderschaft, für Kirche und Welt. Und da ist das gemeinsame Gebet in der Ehe, in Arbeitskreisen, im Kleinkreis oder in Tagungsgruppen unter der besonderen Verheißung Jesu Christi: »Wenn zwei unter euch eins werden auf Erden, worum sie bitten wollen, so soll es ihnen widerfahren von meinem Vater im Himmel« (Matth. 18,19). Dass das Gebet auch in der Mitte steht, wo sich »Bund« bzw. »Bruderschaft« bzw. »Gemeinschaft« ereignet, daran werden wir uns gegenseitig immer wieder neu zu erinnern haben.

1988 hat Tiki Küstenmacher eine Karikatur veröffentlicht, in der zwei Grenzsoldaten der DDR an der Mauer stehen und in IDEA blättern. Amüsiert sagt einer zum anderen: »Da gibt's doch wirklich welche, die glauben, man könnte mit Gebeten irgend etwas ändern.« Aber hinter ihrem Rücken hat sich auf wundersame Weise die Mauer gehoben, so dass sich zwei evangelische Pfarrer die Hände schütteln können. Das hat es vor 1989 im PGB gegeben, dass PGB-Geschwister aus Ost und West die Begegnung miteinander gesucht und – allen Schwierigkeiten zum Trotz – auch gefunden haben. Und dann ist 1989 Wirklichkeit geworden, worum auch im PGB vielfach gebetet wurde: Die Mauer fiel und beide deutsche PGB-Hälften konnten äußerlich und innerlich wieder ganz zusammenfinden.

> **Wir können dem Gebet etwas zutrauen, oder vielmehr dem, der Adressat unserer Gebete ist: unserem Herrn Jesus Christus. Ihm ist alle Macht gegeben im Himmel und auf Erden.**

Wir können dem Gebet etwas zutrauen, oder vielmehr dem, der Adressat unserer Gebete ist: unserem Herrn Jesus Christus. Ihm ist alle Macht gegeben im Himmel und auf Erden.

Gemeinschaft

Das vierte Profil ist die Gemeinschaft. Echte Gemeinschaft, geistliche Gemeinschaft zu erleben, das ist im Pfarramt nicht selbstverständlich. Denn – so schreibt Hans-Jürgen Abromeit, inzwischen Bischof der Pommerschen Kirche: »›Das Pfarramt (…) ist die institutionalisierte Isolation.‹ In diesem Diktum drückt sich die nach vielen Amtsjahren verdichtete Erfahrung aus: Der Pfarrer ist allein, allein in seinem Engagement inmitten der Gemeinde, in der Regel ohne tiefer gehende Gemeinschaft mit Amtsbrüdern und -schwestern, zuletzt einsam vor Gott. (…) Man kann bestimmte Verhaltensweisen mit mangelnder Kooperationsfähigkeit erklären und auf Ausbildungsdefizite zurückführen. Manch einer mag seine Einsamkeit auch als Ausdruck seiner theologischen Existenz stilisiert haben und sich als ein ›einsamer Vogel auf dem Dach‹ fühlen.«[92]

> **Der Pfarrer ist allein, allein in seinem Engagement inmitten der Gemeinde, in der Regel ohne tiefer gehende Gemeinschaft mit Amtsbrüdern und -schwestern, zuletzt einsam vor Gott.**

Für Dietrich Bonhoeffer ist geistliche Gemeinschaft die »Bedingung des geistlichen Kampfes« und die Voraussetzung, um »für andere da zu sein«.[93] Als eine solche Gemeinschaft versteht sich der PGB.

Die Kleinkreise wollen ein Raum der Geborgenheit sein, den man so in Pfarrkonventen selten erlebt. Vielerorts gehören auch Brüder und Schwestern dazu, die (noch) nicht Mitglied im PGB geworden sind.

Die Kleinkreise gehen auf die Initiative von Erich Schnepel zurück. In seiner volksmissionarischen Arbeit im Berliner Osten und Großalmerode und darüber hinaus hatte er den Segen solcher Kreise erlebt, in denen das persönliche Bibellesen und die Gebetsgemeinschaft im Vordergrund steht. Er prägte den Satz: »Entscheidend wird immer sein, was sich in den kleinsten Zellen der Bruderschaft an geistlichem Leben

> **Für Dietrich Bonhoeffer ist geistliche Gemeinschaft die »Bedingung des geistlichen Kampfes« und die Voraussetzung, um »für andere da zu sein«.**

Wer sich dem Leben in den kleinsten Zellen entzieht, bringt sich um das Wertvollste in der Bruderschaft.

gestaltet. Wer sich dem Leben in den kleinsten Zellen entzieht, bringt sich um das Wertvollste in der Bruderschaft.« Dass Schnepel immer wieder von »Bruderschaft« und ihrer geistlichen Verwirklichung in den Kleinkreisen sprach, führte nach dem Krieg zu der Namensänderung von »Pfarrer-Gebetsbund« zu »Pfarrer-Gebetsbruderschaft«.

Die Situation der Kleinkreise gab und gibt allerdings immer wieder Anlass zur Klage. Da sind alt gewordene Kleinkreise, in denen Ruheständler dominieren und für die jungen Kolleginnen und Kollegen nicht zu gewinnen sind. Da sind Kleinkreise, denen – aus welchen Gründen auch immer – die Verbindlichkeit abhanden gekommen ist und die sich nicht mehr regelmäßig treffen. Und die Gebiete im deutschsprachigen Raum, wo es überhaupt keine Kleinkreise des PGB mehr gibt oder nie welche gab, werden größer.

Da müssen wir fragen: Wie werden sich diese Kleinkreise in den nächsten Jahren entwickeln? Werden sie aussterben? Und wenn junge Kolleginnen und Kollegen hinzustoßen: Wie werden sie aufgenommen? Kommen sie zu Wort? Finden sie Verständnis für ihre Situation?

Aber auch die Frage nach der Gestaltung der Kleinkreise muss gestellt werden: Verdrängt die Predigtarbeit und der Austausch über dienstliche oder allgemein kirchliche Probleme das gemeinsame Gebet, die Seelsorge und die persönliche Bibellese? Das wäre auf Dauer ebenso bedenklich, wie die Ausklammerung der Predigt und des Dienstes.

An dieser Stelle scheint mir das genaue Hinhören auf die vielleicht wichtigste Verheißung für den PGB besonders wichtig zu sein. Jesus sagt (Matth. 18,20): »Wo zwei oder drei versammelt sind in meinem Namen, da bin ich mitten unter ihnen.« Warum muss ein Kleinkreis immer aus 5 bis 15 Menschen bestehen? Sollten wir nicht vielmehr zur Bildung von »Kleinstkreisen« einladen, die zu zweit zusammenkommen oder zu dritt?

Im Kern dieses »Kleinstkreises«[94] sollte das persönliche Bibellesen stehen, das Gebet, die Fürbitte, die Seelsorge, die Beichte. Darüber hinaus ist die gegenseitige Begleitung in der gemeindlichen Arbeit denkbar: Wie predigen wir? Wie unterrichten wir? Wo hängt es gerade? Bis hin zu den Kleinigkeiten: Schau mir mal ins Büro und in den Terminkalender und sag mir, wo ich mich mit meiner Organisation verzettele und wo ich etwas verbessern kann! Lass mich dir mal meine Kirchenvorstands-Vorbereitung zeigen und lass uns zusammen überlegen, wie man die nächtelangen Sitzungen komprimieren könnte!

Solche Kleinstkreise können flexibler zusammenkommen und auf die Einzelnen mit ihren persönlichen Herausforderungen eingehen. Aber auch sie brauchen Verbindlichkeit und Offenheit für andere. Ebenso wird ihnen die Einbettung in einen größeren Kontext gut tun: das Theologische Intensivseminar, das auch Pfarrern und Pfarrerinnen in den ersten Amtsjahren offen steht, die Bezirkstagung und die Haupttagung des PGB. Von solchen Kleinstkreisen unter der Verheißung Jesu erwarte ich entscheidende Impulse für den PGB, vor allem aber für die Pfarrerinnen und Pfarrer und ihre Gemeinden!

Mit dem Profil »Gemeinschaft« ist auch die Zugehörigkeit von Pfarrerinnen anzusprechen, die im Laufe der Jahre durch Kleinkreise, Ferienseminare oder den Ehepartner zum PGB hinzustießen. Sie waren jederzeit überall willkommen; mir ist kein Fall bekannt geworden, in dem einer Pfarrerin die Teilnahme an einer Tagung oder die Aufnahme verweigert wurde. Trotzdem ist die Zahl der Frauen im PGB verhältnismäßig gering. Ein Hindernis war lange der Name »Pfarrer-Gebetsbruderschaft«. Eine Namensänderung regte Hans Haberer bereits 1982 an.[95] Zunächst bekam der PGB den Zusatz »Gemeinschaft von Pfarrerinnen und Pfarrern«. Diese Lösung war jedoch nicht befriedigend, da doch immer noch nur von »Pfarrer-Gebetsbruderschaft« die Rede war. Weiteren Änderungen standen viele kritisch gegenüber, nicht, weil sie gegen Frauen im PGB gewesen wären, sondern weil sie sich nicht von dem Begriff der »Bruderschaft« trennen mochten. Schließlich kam es dann doch 2001 zur Umbenennung in »Pfarrerinnen- und Pfarrer-Gebetsbund«, ohne dass wir den geistlichen Gehalt des Begriffes »Bruderschaft« aufzugeben bereit gewesen wären.

Seelsorge

Das fünfte Profil ist die Seelsorge. In den Anfangsjahren des PGB stand immer wieder die Frage im Vorder-grund: Wer übt Seelsorge an Seelsorgern? Das war ein echtes Prob-

Wer übt Seelsorge an Seelsorgern?

lem, wo der verordnete Seelsorger auch Dienst-vorgesetzter war, pastoraltheologische Beglei-tungen und Fortbildungen kannte man kaum. Inzwischen gibt es überall diese begleitenden Angebote. Sie sind in den letzten Jahren auch durchaus geistlicher gewor-den. Spiritualität spielt ja eine zunehmend wichtige Rolle. Aber die Angebote sind keineswegs immer dem biblisch-reformatori-schen Zeugnis verpflichtet. Und das Problem, dass der Dienst-vor-gesetzte in vielen Fällen kaum als Seelsorger ansprechbar ist, besteht weiterhin.

Die Lebenslinien erwarten von den Mitgliedern des PGB die »Bereitschaft, in der Bruderschaft Seelsorge oder Beichte zu emp-fangen und zu üben.«

Martin Luther schätzte die Beichte bekanntlich so sehr, dass ihm dafür keine Summe zu hoch und kein Weg zu weit gewesen wäre. Denn das war seine Gewissheit: In der Beichte spricht der lebendige Gott zu ihm ganz persönlich und spricht ihm das ver-gebende Wort zu.

Wie halten wir es im PGB mit der Seelsorge und der Beichte? Machen wir unsere Schuld mit uns selbst aus? Oder suchen wir uns jemanden? Ist diese Einladung in den Kleinkreisen deutlich? Bei der Bezirks- oder der Haupttagung? Sind die Ansprechpartner und die Räume ausgewiesen? Sind freie Zeiten dafür vorgesehen? Oder ist die Hürde innerhalb der Bruderschaft so hoch geworden wie in der evangelischen Kirche allgemein?

Darauf werden wir gegenwärtig unser besonderes Augenmerk zu lenken und neue Formen zu etablieren haben. Die Thomas-messe, eine neue Gottesdienstform mit einem »offenen Teil«[96], bietet zum Abschluss einer Tagung die Möglichkeit zu Beichte, Seelsorge und Segnung. Solche Angebote werden gerne ange-nommen; die Sehnsucht nach Beichte und Seelsorge scheint mir größer zu sein, als unsere Angebote reichhaltig – auch unter Pfarrerinnen und Pfarrern.

Ein anderes Aufgabenfeld des PGB sind Ehen, in denen einer oder beide Partner im Pfarrdienst stehen. Diese sind ebenso gefährdet wie andere Ehen, stehen aber unter größerem Druck durch die Öffentlichkeit und ihren moralischen Anspruch an den Amtsträger. Den Grund dafür, dass der sächsische Bischof 2001 »so viele Gespräche wie noch nie aus Anlass einer anstehenden Scheidung in Pfarrerfamilien führen« musste, sieht er in dem »zunehmenden Nichtmehrzurechtkommen mit dem ganzheitlichen Anspruch des Pfarrerberufs für beide Ehepartner«. Hier sind wir als PGB gefragt: Gibt es Zeiten und Orte für das Gespräch über die Ehe und Eheprobleme? Stehen Gesprächspartner bereit? Gibt es auch unter uns die Offenheit für das Gespräch? Haben wir auch auf diesem Gebiet offene Augen und Ohren für Kolleginnen und Kollegen? Gestalten wir unsere Tagungen nicht nur familien-, sondern auch ehefreundlich? Ein guter Schritt in die richtige Richtung sind einzelne Bezirkstagungen, die als Eheseminare gestaltet werden.

Theologische Arbeit

Das sechste Profil ist die theologische Arbeit. Nach 1919 planten PGB-Brüder ernsthaft, ein »Predigerseminar im Geist unseres PGB« – wie es wörtlich hieß – ins Leben zu rufen.[97] Zum einen sahen sie schon damals das Defizit der Theologenausbildung, dass sie zu intellektuell war, ohne das Leben der Theologen zu tangieren. Zum anderen befürchteten sie, dass bei der Neuordnung der Kirche nach dem Zusammenbruch des landesherrlichen Kirchenregiments die Volkskirche »nach links« abdriften könnte. Der »Pastorengebetsbund« sah sich aus diesen Gründen in der Pflicht, ein Predigerseminar einzurichten, wo die Kandidaten lernen sollten, die Bibel sowohl auf die Gemeindepraxis als auch auf das persönliche Leben hin zu lesen und zu beten. Sie sollten sich mit dem »Volksleben« und der »Volksreligiosität« beschäftigen, um verständlich zu predigen. Sie sollten apologetisch geschult und in Seelsorge unterwiesen werden. Sie sollten daneben auch – und das ist ja nun ganz erstaunlich modern – Zeitmanagement lernen.

Der PGB fördert seit seinen Anfängen die theologische Arbeit in vielfältiger Weise: in Haupt- und Bezirkstagungen, in Evangelisationskursen, in Ferien- bzw. Intensivseminaren und nicht zuletzt auch durch seine Publikationen, v. a. die Theologischen Beiträge.

Das Projekt selbst ist nie über den Umriss der Zielsetzung hinausgekommen. Aber der PGB fördert seit seinen Anfängen die theologische Arbeit in vielfältiger Weise: in Haupt- und Bezirkstagungen, in Evangelisationskursen, in Ferien- bzw. Intensivseminaren und nicht zuletzt auch durch seine Publikationen, v. a. die Theologischen Beiträge.

Bekehrung, Bibelarbeit, Gebet, Gemeinschaft, Seelsorge, theologische Verantwortung – damit habe ich das sechsfache Profil der PGB skizziert. Aber ein gutes Profil allein reicht für einen guten Reifen noch nicht aus.

Bewegung

Wichtig ist außerdem, dass dieser Reifen in Bewegung ist. Am Ende des Matthäusevangeliums heißt es: »Gehet hin und machet zu Jüngern …«, obwohl man oft den Eindruck hat, dass die Kirche eine andere Lesart gefunden hat, nach der es heißt: »Setzt euch hin und machet …«

Gleichzeitig ist Bewegung allein noch kein Zeichen dafür, dass der Reifen seinen Dienst tut. Ein Reifen, der bloß in Bewegung ist, war die Gemeinde in Sardes, an die das Wort erging: »Ich kenne deine Werke: Du hast den Namen, dass du lebst, und bist tot« (Offb. 3,1).

Damit das für unseren PGB nicht gilt, müssen drei weitere Bedingungen erfüllt sein.

Bodenkontakt

Zum einen braucht der Reifen Bodenkontakt, sonst nützt das beste Profil nichts. Wir brauchen den Kontakt zu anderen Bruderschaften und Kommunitäten im In- und Ausland. Solche Kontakte gehörten zum PGB von Anfang an dazu. Und bis heute nehmen regelmäßig Gäste aus Osteuropa an unseren Haupttagungen teil. Der Bezirk Württemberg pflegt sogar Verbindungen nach Brasilien.

Die Intensivseminare finden nicht nur finanzielle Unterstützung der »Stiftung Geistliches Leben«, sondern Verantwortliche arbeiten im »Forum Geistliches Leben« für Theologiestudierende mit, das 2001 einen ansprechenden Prospekt herausgegeben und seitdem auch eine Internet-Adresse hat.[98] Diese Kooperation gab den Impuls dafür, dass wir im Frühjahr 2002 mit der Jesus-Bruderschaft in Volkenroda zusammen ein erstes Lektüreseminar zu Dietrich Bonhoeffers Buch »Gemeinsames Leben« angeboten haben. Damit ist unsere Arbeit an Theologiestudierenden zum ersten Mal wieder in den östlichen Bundesländern vertreten.

Außerdem gibt es vielfältige Kontakte zu anderen Verbänden und Werken der Gemeinschaftsbewegung sowie zu theologischen Fakultäten und Bibelschulen. Wir brauchen die Verbindung zu allen, die uns geistlich und theologisch nahe stehen. Wir brauchen aber auch den Kontakt zu denen, die uns fern stehen in und außerhalb der Kirche. Wir dürfen diesen Kontakt nicht scheuen. Die Kirchentage geben dazu immer wieder neu Gelegenheit.

Verbindung mit der Achse

Aber ein Reifen, der im Bodenkontakt ist, bringt noch lange kein Auto voran, es sei denn, er wäre fest mit der Achse verschraubt. Die Achse, um die es sich im PGB drehen muss, damit eine gute Bewegung da ist, heißt Jesus Christus. Er ist es, zu dem wir bekehrt sind und zu dem wir andere einladen. Er ist es, den uns die Bibel vor Augen stellen will. Ihm gilt unsere Anbetung und unsere Fürbitte, unser Dank und unsere Klage. Er schenkt uns Gemeinschaft, besonders auch da, wo wir an seinem Tisch zu Gast sind. Die Seelsorge kommt von ihm her als dem großen Seelsorger und führt zu ihm hin. Und die Theologie ist nur recht, wenn sie in all ihren

> Die Achse, um die es sich im PGB drehen muss, damit eine gute Bewegung da ist, heißt Jesus Christus.

Fragestellungen das *Solus Christus* – Allein Jesus Christus – im Blick behält.

Bodenkontakt und Befestigung an der Achse sind notwendig. Fehlt eigentlich nur noch die Luft.

Solange Gott uns im PGB den Heiligen Geist schenkt, der unser Profil ausfüllt, werden wir als PGB leben und arbeiten, wird das Reich Gottes auch mit dem PGB vorangebracht.

Luft

Das ist der Heilige Geist. Den kann kein Reifen selbst einatmen. Er ist auf Gedeih und Verderb darauf angewiesen, dass die Luft von außen zugeführt wird. Solange Gott uns im PGB den Heiligen Geist schenkt, der unser Profil ausfüllt, werden wir als PGB leben und arbeiten, wird das Reich Gottes auch mit dem PGB vorangebracht. Denn das Reich Gottes ist das große Ziel, auf das wir zusteuern, indem wir im Namen Jesu beten: »Dein Reich komme.«

Reiner Braun

Anhang

Literatur über den/die PGB

(Beiträge in den »Persönlichen Mitteilungen« bleiben weitgehend unberücksichtigt.)

Hans Brandenburg: Art. Pfarrergebetsbruderschaft, in: RGG^3 5 (1961), 289.

Reiner Braun: Bruderschaftliche Ordnung und evangelische Freiheit – Ordnungen in der Geschichte des Pfarrerinnen- und Pfarrer-Gebetsbundes, in: ders./Wolf-Friedrich Schäufele (Hrsg.): Frömmigkeit unter den Bedingungen der Neuzeit. FS für Gustav Adolf Benrath zum 70. Geburtstag. Darmstadt: QSHK 6 (2001) = Karlsruhe: SVKGB 2 (2001), 327-337.

Helmut Burkhardt: Art. Pfarrer-Gebets-Bruderschaft, in: Ev. Gemeindelexikon, hrsg. von E. Geldbach, H. Burkhardt, K. Heimbucher, Wuppertal 1978, 401.

Johannes Eichler: Art. Pfarrer-Gebetsbruderschaft (PGB), in: ELThG 3 (1994), 1555.

Michael Diener: Kurshalten in stürmischer Zeit. D. Walter Michaelis – Ein Leben für Kirche und Gemeinschaftsbewegung, Gießen/Basel 1998, 245-261: »Michaelis und der Pastorengebetsbund«.

Hans Haberer: »Vom Erbe der Väter« – Aus der Geschichte der Pfarrer-Gebetsbruderschaft (PGB) – Seelsorgebewegung der Pfarrer (Bericht anlässlich der Tagung der bayerischen PGB, 6.-10. Sept. 1982 in Gunzenhausen), FS für Werner Jentsch zum 75. Geburtstag, masch. 1988.

Gerhard Hage/Joachim Graf Finckenstein/Gerhard Krause: Art. Bruderschaften/Schwesternschaften/Kommunitäten, in: TRE 7 (1981), 195-212; 208, 1-7.

169

K. Kampffmeyer: Art. Pastoren-Gebetsbund, in: Handbuch für das kirchliche Amt, hrsg. von Martin Schian, Leipzig 1928, 457, 12-43.

Helgo Lindner: Zur Geschichte der Bruderschaft. In: ThBeitr 19 (1988), 287-311.

Hans Mayr: Art. Kommunitäten, in: EKL[3] (1989), 1348-1351; 1349.

Walter Michaelis: Erkenntnisse und Erfahrungen aus fünfzigjährigem Dienst am Evangelium, Gießen o. J., 260 [1. Aufl.: 1938, 318f, vgl. M. Diener, a. a. O., 245].

Otto Michel: Anpassung oder Widerstand, Wuppertal 1989; darin: Die Ferienseminare der Pfarrer-Gebets-Bruderschaft, 116-120 (vergriffen, online-Version unter *www.OM-AG.de*).

Ernst Modersohn: Er führet mich auf rechter Straße, Kassel[6] 1949; darin: Im Pfarrergebetsbund, 327f.

Dietmar Plajer: Die Rüstzeiten für Pfarrer in der evangelischen Kirche A. B. in Siebenbürgen, in: Christoph Klein/Hermann Pitters (Hrsg.): Ordnung und Verantwortung. Festschrift zum 80. Geburtstag von Bischof D. Albert Klein. Sibiu/Hermannstadt 1996, 189-207; vgl. PM 127, Juni 1997, 21.

Ingrid Reimer: Verbindliches Leben in evangelischen Bruderschaften und kommunitären Gemeinschaften, Gießen/Basel: Brunnen 1999, darin: Pfarrer-Gebetsbruderschaft (PGB). Gemeinschaft von Pfarrerinnen und Pfarrern, 99-101.

Karl Röseberg: Ein Erlebnisbericht aus den Anfängen der PGB, in: PM Nr. 17 (1958), 6-8.

Otto Rodenberg: Die theologische Aufgabe und Verantwortung der Pfarrer-Gebetsbruderschaft. Ein Rückblick und eine Besinnung auf das »Charisma Theologie«, in: ThBeitr 19 (1988), 312-316.

Erich Schnepel: Ein Leben im 20. Jahrhundert, 2. Teil: 1930-1965, Wuppertal 1966; darin: Unter Pfarrern und anderswo, 124-138 (gekürzte Ausgabe: Wuppertal 1971, 224-238).

Gerhard Strauß: 75 Jahre Pfarrer-Gebets-Bruderschaft in Baden, 2 Teile (Vortragstyposkript, unveröffentlicht, PGB-Archiv XIII/1)

Ludwig Thimme: Sieben Bitten an den Pfarrer-Gebetsbund. Mit einem Vorwort von D. [theol.] A. [?] W. [Walter] Michaelis, 1946.

Johannes Weidner: Aus dem Erbe der Väter. Zur Geschichte der Bruderschaft, in: PM Nr. 90 (Mai 1983), 4-7; PM Nr. 91 (September 1983), 6-9; PM Nr. 92 (Januar 1984), 5-7.

Abkürzungen

BH	Brüderliche Handreichungen
GAK	Gesamtarbeitskreis
IFES	International Fellowship of Evangelical Students
PGB	Pastoren-Gebetsbund, Pfarrer-Gebetsbund, Pfarrer-Gebetsbruderschaft (Gemeinschaft von Pfarrerinnen und Pfarrern), Pfarrerinnen- und Pfarrer-Gebetsbund
PM	Persönliche Mitteilungen
SMD	Studentenmission in Deutschland
ThBeitr	Theologische Beiträge
ZAK	Zentraler Arbeitskreis

Kontakt

Geschäftsstelle des PGB:
Glockenweg 18, 58553 Halver
Tel.: 02351/665730
Fax: 02351/665732
E-Mail: buero@pgb.de
Homepage: www.pgb.de

(Hier ist auch das PGB-Archiv untergebracht.)

Anmerkungen

1 Helmut Gollwitzer, in: Gott dienen ist höchste Freiheit. Ausgewählte Predigten zu den Sonntagen des Kirchenjahres III/3, hrsg. Im Auftrag der Kirchlichen Bruderschaften von Walter Schlenker, Tuttlingen o.J., 66f.
2 Das Evangelium nach Matthäus, Evangelisch-Katholischer Kommentar zum Neuen Testament I/3, Neukirchen-Vluyn 1997, 52.
3 Ulrich Luz, a.a.O., 49.
4 Ernst Modersohn: Er führet mich auf rechter Straße. Stuttgart ^{6}1949, 327.
5 Einziger Hinweis darauf: Gerhard Strauß: 75 Jahre Pfarrer-Gebets-Bruderschaft in Baden, Teil 1 (Vortragstyposkript, unveröffentlicht), 10.
6 Karl Röseberg: Ein Erlebnisbericht aus den Anfängen der PGB, in: PM Nr. 17 (1958), 6-8.
7 Vertrauliche Mitteilungen, Nr. 1, 1913.
8 Zum Verlauf vgl. M. Diener: Kurshalten in stürmischer Zeit, 247f.
9 So Walter Michaelis: Rückblick, in: BH Nr. 8 (1953), 1.
10 VM 6 (Pfingsten 1916), 20; Hervorhebung im Original.
11 Vgl. M. Diener: Kurshalten in stürmischer Zeit, 250.
12 Theodor Brandt: Ein Rückblick, in: BH Nr. 8 (1953), 4.
13 BH 15 (Jan 1921).
14 Ludwig Thimme: Vor 40 Jahren, in: BH Nr. 8 (1953), 2f.
15 BH 53 (1931), 11-16.
16 So Walter Michaelis: Rückblick, in: BH Nr. 8 (1953), 1.
17 Diverse Unterlagen in: PGB-Archiv I/1.
18 In seinen Handakten findet sich ein Abdruck mit der Bemerkung: »Geschrieben September 1933«; PGB-Archiv III/6.
19 Rundbrief Nr. 2 vom 15.9.1933 (PGB-Archiv III/2).
20 Rundbrief Nr. 6 vom 28.11.1933 (PGB-Archiv III/2).
21 G. Strauß: 75 Jahre Pfarrer-Gebets-Bruderschaft in Baden, Teil II, 2.
22 Rundbrief Nr. 10 vom 2.1.1934 (PGB-Archiv III/3).
23 Schreiben an H. v. Sauberzweig vom 3.1.1934 (PGB-Archiv III/3).
24 Schreiben an E. Schnepel vom 4.1.1934 (PGB-Archiv III/3).
25 PGB-Archiv III/1.
26 Schreiben an H. v. Sauberzweig vom 10.2.1934 (PGB-Archiv III/3).
27 Ein Wort von Brüdern an Brüder vom 10.10.1934 (PGB-Archiv I/1); Hervorhebungen im Original.
28 BH 69 (1935), 9; hier ist auch der Text abgedruckt.
29 Walter Michaelis: Rückblick, in: BH Nr. 8 (1953), 1.
30 Schreiben Schnepels an Zeilinger vom 3.9.1966 (Anhang zu G. Strauß, 75 Jahre PGB Baden, Teil 2).
31 BH 73 (1936), 23.
32 Separatdruck 1936.
33 Schreiben an die Brüder des Vorstandes vom 30.1.1937 (PGB-Archiv III/6).
34 Schreiben an den Vorstand vom 10.2.1937 (PGB-Archiv III/6).
35 Schreiben an H. v. Sauberzweig am 16.3.1937 (PGB-Archiv III/6).
36 Schreiben an die Vorläufige Kirchenleitung, undatiert, Frühjahr 1937[?] (PGB-Archiv III/6).
37 BH Konferenznummer 1938, 15–17.
38 Protokoll (PGB-Archiv VI/1).

[39] Erschienen als Monographie.

[40] Entwurf vom 22.12.1948 (PGB-Archiv VII/0-1).

[41] Erich Schnepel: »Auf direkten Befehl von oben«, in: BH Nr. 6 (1953), 6.

[42] Protokoll über die Vorstandssitzung der PGB in Ratzeburg am 21. 8. 1953 (PGB-Archiv V/1).

[43] Theodor Brandt: Ein Rückblick, in: BH Nr. 6 (1953), 4.

[44] PM Nr. 15 (Oktober 1957), 6.

[45] BH Nr. 15 (1957).

[46] PM Nr. 4 (Frühjahr 1957), 3.

[47] Hannelore Risch: Warum Pfarrerarbeit von Großalmerode aus? In: »Taten Gottes in Großalmerode« 1916-1966. Festschrift zum Kirchenjubiläum, 28-30, 29f.

[48] O. Michel: Theologie und Glaube eng verbunden, Briefauszug 10. 6. 1979; PM Nr. 83 (Sept. 1979), 6.

[49] PM Nr. 53 (März 1970), 9.

[50] Zur Geschichte der BH vgl. NN [O. Rodenberg ?]: Die »Brüderliche Handreichung« – ihr bisheriger und weiterer Weg, in: PM Nr. 53 (1970), 6f. O. Rodenberg: Die theologische Aufgabe und Verantwortung der Pfarrer-Gebetsbruderschaft. Ein Rückblick und eine Besinnung auf das »Charisma Theologie«, in: ThBeitr 19 (1988), 312-316.

[51] Rundschreiben von Erich Schnepel vom 30. 9. 1955 (PGB-Archiv V/1).

[52] Schreiben an O. Rodenberg vom 17. 12. 1962 (PGB-Archiv V/1).

[53] H. Lindner: Eine Weichenstellung. Zum theologischen Erbe Julius Schniewinds, in: BH Nr. 35 (Januar 1965), 3-9

[54] Schreiben von H. Lindner an RB vom 13. 1. 2002.

[55] PM Nr. 43.

[56] Typoskript »Überlegungen zur geplanten Zeitschrift des Theologischen Verlages Rolf Brockhaus, Wuppertal (abgefaßt nach der Besprechung vom 25. Januar 1968)« (PGB-Archiv XIII/1 Nr. 1968-1), 1.

[57] A.a.O., 3.

[58] Schreiben an O. Rodenberg vom 1. 8. 1969 und 28. 8. 1969 (PGB-Archiv V/1).

[59] H. Lindner: Notizen, PGB-Archiv VII-11/1.

[60] Schreiben an O. Rodenberg vom 26. 10. 1969 (PGB-Archiv VII/11-1).

[61] Schreiben an O. Rodenberg vom 30. 10. 1969 (PGB-Archiv VII/11-1).

[62] Schreiben an O. Rodenberg vom 4. 11. 1969 (PGB-Archiv VII/11-1); vgl. die Randbemerkung Rodenbergs.

[63] Vgl. Schreiben O. Rodenbergs an O. Michel vom 3. 12. 1969 (PGB-Archiv VII/11-1).

[64] Schreiben an O. Michel vom 3. 12. 1969 (PGB-Archiv VII/11-1).

[65] Schreiben von O. Rodenberg an G. Stählin vom 6. 3. 1970 (PGB-Archiv VII/11-1).

[66] Jedenfalls hat ihn O. Rodenberg angefragt; Schreiben an G. Stählin vom 6. 3. 1970 (PGB-Archiv VII/11-1).

[67] Beilage zu ThBeitr 1. Jg. 1970, Heft 1, in: PGB-Archiv VII/11-1.

[68] NN: Was bedeutet das Erscheinen der »Theologischen Beiträge« für unsere Bruderschaft?, in: PM 53 (März 1970), 7-9, 7f.

[69] ThBeitr 4 (1973), U3.

[70] Festgabe für Otto Michel (78-4/5; 83-4/5) sowie der Erinnerungsband (94-5/6); auch Theo Sorg erhielt ein Doppelheft als Festgabe (99-1/2). Die Festgabe für Martin Hengel ist ein durch großzügige Spenden ermöglichtes erweitertes Einzelheft (01-6).

[71] Ab 89-4 versehen mit »†«; hier auch: »In Memoriam«.

[72] Nachruf: 96-5.

[73] Nachruf: 00-1.

[74] Unter den Herausgebern genannt, übte aber die Funktion aus.

[75] K. Haacker: Markierungen zur Konzeption der Theologischen Beiträge, in: PM Nr. 85 (April 1980), 7-10.

[76] Protokoll der Herausgeberkonferenz im Februar 1988 (Akten der Redaktion).

[77] K. H. Michel: Die Bibel im Spannungsfeld der Wissenschaften. ThBeitr 10 (1979; Heft 5), 199-219.

[78] PGB-Archiv XIII/1, Nr. 1991-1.

[79] Vgl: www.theologische-beitraege.de

[80] Auswertung durch Hp. Hempelmann für die Herausgeberkonferenz im Februar 1986 (Akten der Redaktion).

[81] J. Haustein: Ökumene im Jahr 2001 – Zustand und Zukunft, in: ThBeitr 32 (2001; Heft 5), 258-273.

[82] Hans Dannenbaum/Erich Schnepel, Im Dienst des Christus, Furche 1939, 60.

[33] Ebd., 42.

[84] Ebd., 60.

[85] Erich Schnepel, Ein Leben im 20. Jahrhundert, Wuppertal ²1971, 226.

[86] Ebd.

[87] Vgl. dazu auch den Nachruf anl. der Gedächnisfeier für Theo Schnepel am Tage seiner Beerdigung von Friedrich Walther, Neuendettelsau in der Schrift »In memoriam Theo Schnepel, Vorsteher des Diakonissen-Mutterhauses ›Hebron‹, Marburg, von 1958 bis 1986«, 10f.

[88] Eine Sammlung liegt vor in dem Predigtband von Theo Schnepel: »… bis daß er kommt! – Ein Beitrag zur Mutterhausdiakonie aus Predigten und Ansprachen von Theo Schnepel anläßl. seines 65. Geburtstages«, Marburg; Francke,1985.

[89] So äußerte er sich z. B. in der Festschrift anlässlich des 70. Geburtstages von Emanuel Scholz, Francke, Marburg 1983, 104 in einer Andacht über Elia und Elisa: »Es ist manchmal für mich erschütternd, wie heidnisch es in christlichen Kreisen zugeht …«

[90] H. Burkhardt: Christ werden, Gießen, Brunnen 1999, 126. 128. 130. Vgl. die Rezension dieses Buches durch Theo Sorg, in: ThBeitr 31 (2000), 165-167.

[91] E. Schnepel: Gemeinde aktuell. Lebensfragen der christlichen Gemeinde heute, Marburg, Francke 1978, 80–83.

[92] Hans-Jürgen Abromeit: Christliche Existenz als gemeinsames Leben. Eine Erinnerung an Dietrich Bonhoeffers Schrift, in: ders. u. a.: Pastorale Existenz heute. FS zum 65. Geburtstag für Hans Berthold, Waltrop 1997, 47–73,47.

[93] A.a.O., 71f.

[94] Der Begriff »Kleinstkreis« findet sich übrigens in den Lebenslinien von 1957.

[95] H. Haberer: Vom Erbe der Väter, 8.

[96] Allgemein: Tilmann Haberer; Die Thomasmesse. Ein Gottesdienst für Ungläubige, Zweifler und andere gute Christen, München, Claudius 2000; vgl. meine Rezension in: ThBeitr 32 (2001), 174f.

[97] Brockes: Die Notwendigkeit und Aufgabe eines Predigerseminars im Geiste unseres P.G.B., in: BH 13 (Oktober 1919),13-20.

[98] www.geistliches-leben.de